20世紀アメリカの夢

世紀転換期から一九七〇年代

シリーズ　アメリカ合衆国史③

中野耕太郎
Kotaro Nakano

岩波新書
1772

JN159377

目　次

目　次

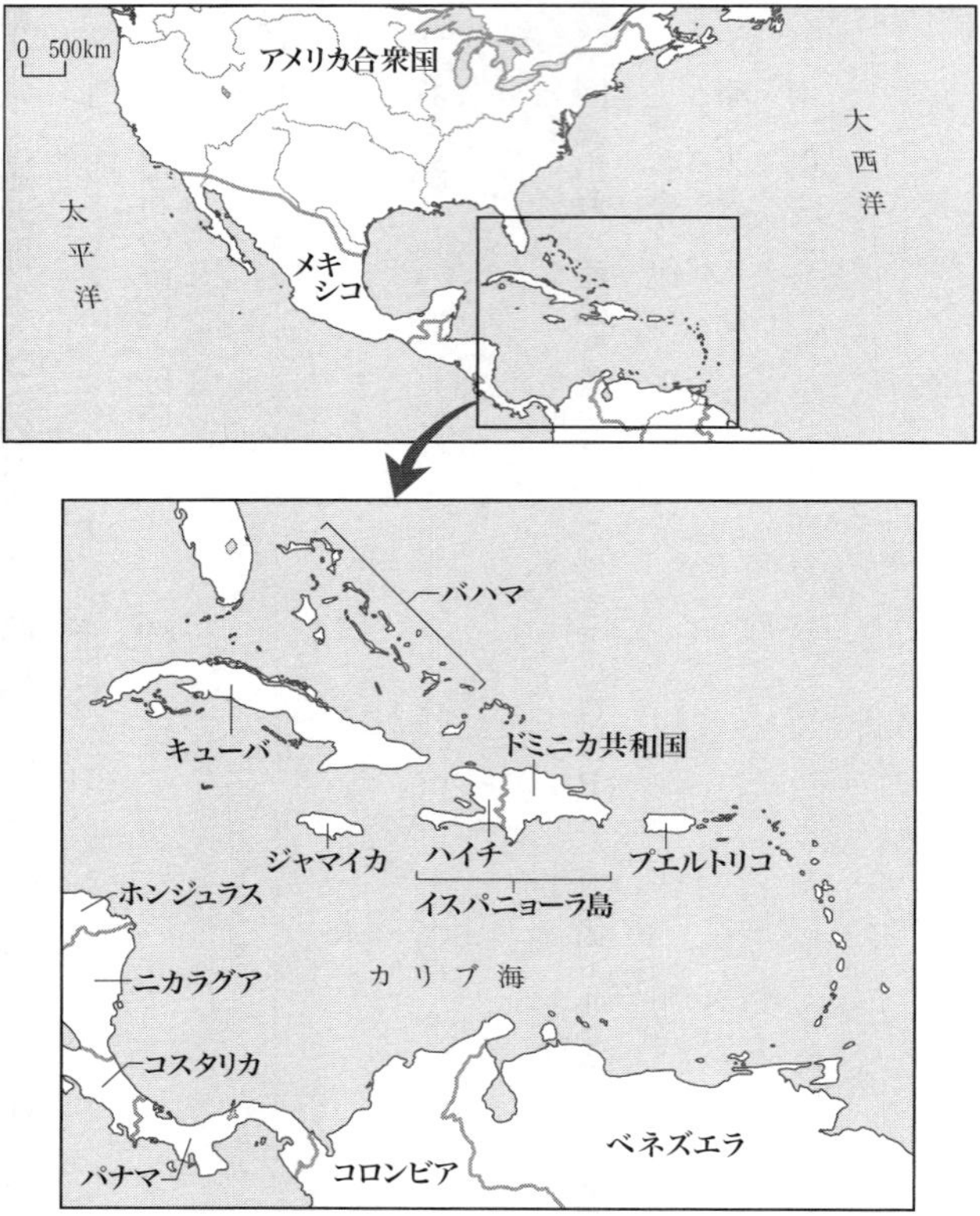

アメリカ合衆国と中米諸国

はじめに

二〇世紀の幕開け

〝一九〇一年〟――二〇世紀の幕開けとなったこの年、アメリカの歴史にとって重要な出来事がいくつも起こっている。まず一月には、テキサス州のスピンドルトップ丘陵で史上最大級の油田が発見され、空前の石油ブームが巻きおこった。続く二月にはモルガン系とカーネギー系の鉄鋼会社が合併しUSスティールという資本金約一四億ドル、国内シェア六〇％という超巨大企業が出現した。このときアメリカはすでにGNP二〇〇億ドルを誇る世界最大の工業国であったが、とどまることのない製造業、資源産業の膨張は人類史上例を見ない領域に達しつつあった。そして、そのことがもたらすであろう社会的影響はいまだ誰も知りえないものであった。

また、同じく一九〇一年の三月四日には前年の大統領選挙の結果を受けて、共和党のウィリアム・マッキンリーが二期目の大統領に就任し、同日に第五七議会が招集された。この新議会は直前の議会と同じく共和党が大差をつけて過半数を制するものであったが、一つの点で異なっていた。それは、南北戦争再建期以来初めてとなる黒人議員の不在である。南部諸州のディスフランチャイズメント（黒人からの投票権剝奪）が進む中で、これまで唯一人議席を守っていたノースカロライナ州選出のジョージ・ホワイト下院議員がついに落選し、立法府は白人男性のみによって占められるに至った。その後、一九二〇年代末にシカゴからオスカー・デプリーストが下院に選ばれるまで黒人議員は皆無であり、南部選出について言えば、マイノリティ議席の復活は一九七三年まで待たねばならない。

加えて、この三月にはアメリカの対外政策にも無視できない展開があった。二日、議会は米西戦争後、軍事占領を続けるキューバに関してプラット修正条項を定め、事実上の保護国化を推進した。また米軍は二三日には、フィリピンで反米闘争を指導する民族派エミリオ・アギナルドを捕縛し一八九九年から続く紛争（米比戦争）を終結へと向かわせた。さらに五月には、やはり米西戦争で獲得したプエルトリコについて、最高裁がアメリカ合衆国憲法の完全な適用を受けない「非編入領土」と位置付ける判決を出した（ダウンズ対ビドウェル判決）。この考え方は、翌一九〇二年に制定されるフィリピン組織法でも踏襲され、フィリピンの人々はプエルトリコ島民と同じく、合衆国の統治下にありながらアメリカ市民権を持たない、いわゆる「合衆国人（U. S. national）」として再編されることになろう。このような形でアメリカはカリブ海から太平洋、極東へと広がる島嶼《とうしょ》植民地帝国を形成していった。

アメリカの二〇世紀最初の年には、もうひとつ大きな事件が起こっている。それは現役大統領マッキンリーの暗殺である。一九〇一年九月六日、第二期の施政をはじめて僅か半年のマッキンリーは、当時ニューヨーク州バッファローで開催中の博覧会を訪れた際、ポーランド系アメリカ人のアナーキスト、レオン・チョルゴッシュによって銃撃され、八日後に死去した。この事態を受けて、三月に副大統領になったばかりのセオドア・ローズヴェルトが史上最年少、四二歳の若さでアメリカ大統領に就任した。この米西戦争(一八九八年)の英雄にして社会改良家を自任する若き指導者の誕生は、アメリカが様々な点で一九世紀とは異なる新しい時代に漕ぎ出したことを内外に印象付けることになった。

図 **0–1**　1898 年，米西戦争の最激戦地サンファンヒルを占領した T. ローズヴェルト(中央)とラフライダーズ義勇軍

T・ローズヴェルト教書——二〇世紀アメリカの諸課題

一二月三日、ローズヴェルトは初の年次教書を両院に提出している。この二万語近くにおよぶ長文の施政方針の中には、以後七〇年にわたってアメリカ政治を規定するであろう多くの論点が明示されていた。やや長くなるが次にその概要を見ておこう。

ローズヴェルト教書は、冒頭七パラグラフにおよぶマッキンリーへの追悼の言葉に続き、アナーキズム(無政府主義)の暴力への糾弾ではじまる。「どのような理論も「社会秩序の中の不平等」への抵抗を理由に、大統領の殺害を正当化することはできない……そもそも無政府主義はスリや家庭内暴力がそうでないのと同じく、「社会的不満」の表現などではない」と。ローズヴェルトは社会的な不満ないし不平等の存在を認めながらも、暴力的な革命運動については、厳格な処罰と市民社会からの排除の対象になるとした。それはのちの赤狩りや拘禁国家の範型とも見える治安ナショナリズムの言明でもあった。

次にローズヴェルト教書は、経済問題を取り上げる。まず、昨今のアメリカが一八九三年不況をようやく乗り越え、全般的な好景気を享受していることを寿《ことほ》ぎつつ、その結果として「加速度的に進行する大規模かつ高度に複雑化した産業発展が……極めて深刻な社会問題を突き付けている」と指摘する。そして、これに対応する「富の蓄積と分配のための十分な規制」がなされていないとして、具体的に都市の膨張、独占企業、労働と生活水準の各分野について検討を加えている。なかでも詳しく述べられたのが、大企業の規制に関するものであった。ローズヴェルトは言う。「トラストと呼ばれる巨大企業群が一般福祉を害する特徴なり傾向があることをアメリカ人民は広く確信している」、そして「公益のためにこそ、当面、州際事業に関わる大企業の活動については政府が検査、検証」を行い、その内容を広く公表すべきだと。

「全国政府」による規制・介入は労働の領域でも積極的に肯定された。少なくとも「政府と契約する事業所においては、女性と児童の長時間、深夜労働および不衛生な労働環境を……禁止すべきだ」とし、労働者の生活水準と「社会状態」の向上をめざす立場から、労働組合の活動に賛辞がおくられた。ところで、この時期、労働組合の成長は著しく、一八九八年に約五〇万人であった加入者は一九〇四年までに二〇〇万人を超えることになる。当時の保守政治家の中には、この「組織化」を大企業のトラストと同等に嫌悪し、独占禁止法の告発対象としようとするものもいたが、ローズヴェルトはこれとは一線を画し、むしろ企業と労働者の力の均衡の観点から概ね親労組的な政策を進めた。

この労働問題と社会状態の検討は、さらに移民政策の議論へと導かれる。年次教書のローズヴェルトは、直截に「アメリカ市民になる資質のある誠実で能率的な移民」、「子供を、遵法精神に富み、神を畏れるコミュニティの一員に育てられる……移民」が必要だと述べる。翻って彼は、その対極にある異分子としてのアナーキストや、低賃金労働の原因となる教育歴と経済力に欠ける移民の排斥を求めることになる。ヨーロッパやアジアからの移民の流入を自然にまかせるのではなく、その選別と同化を能動的な政策として行おうという意思の表れであった。

教書後半の多くは、米西戦争後の植民地経営と今後の帝国戦略の議論に充てられた。ハワイ、プエルトリコ、キューバ、フィリピン、パナマ地峡の順に言及されたが、アメリカとの互恵関税主義を強調したキューバの事例を除けば、最も熱心に語られたのはフィリピン問題であった。すなわち、「フィリピンにおいて我々の課題は大きい……現地の人々が自治へと続く苦難の道のりを行くのを真摯に支援」すべく、総督府のさらなる努力が求められると。また、フィリピン民衆を教導することは、「我々のような支配的な人種」の責務であり、たとえ強い抵抗があったからと言って、アメリカが「この島々をあきらめれば、人々は残酷な無政府状態へと堕すことになるのだ」と。それは基本的にマッキンリー前大統領が敷いた「慈悲深き同化」路線を引き継ぐ姿勢だった。そして、ここでは現実的な施策として、フィリピンに会社制度を導入し、同地の経済開発を積極的に行うことが提案された。

アジアへの経済進出という課題は中国問題としても語られる。「太平洋地域における我が国力と利益の急激な伸長ゆえに、何であれ中国で起こっていることには、最大級の国民的関心が払われねばならない」。そう位置付ける施政方針は、三カ月前に調印された義和団事件の調停文書(北京議定書)の諸条項を列挙し、これを足掛かりとして上海、天津での水路・河川の改良工事を企画する。「我々は沿岸部での商機の拡大だけでなく……内陸部への水路を使ったアクセスを意味する「門戸開放」を主唱する」というのである。

こうした「アメリカの責務」は、西半球の文脈に立ち返るとき、アメリカによるパナマ運河の建設やカリブ海周辺で「人類安寧のために遂行される国際警察としての義務」を含意した。

ローズヴェルトは、そうした考え方が伝統的なモンロー・ドクトリンの発展形であり、より一般的な世界平和の理想とも合致すると主張する。同教書では大幅な米海軍力の増強が要請される一方で、当時メキシコで開催中のパン・アメリカ会議に賛意が示され、「〔南北〕アメリカ大陸コモンウェルスという偉大なる家族」の共栄を祈念してもいる。後にモンロー・ドクトリンのローズヴェルト系論として知られるようになる西半球の勢力圏構想がすでに形づくられつつあったのである。

この二〇世紀最初の大統領年次教書は、なによりも国家を中心とした政治の新しさにおいて際立ったものがある。教書の前半で語られる内政改革は、「社会」という領域を意識した中央政府が、市民の経済活動や生活の物質的な安寧、そして他者との境界構築にまで関与していこうとするものだった。そうした政策の表明は、一九世紀的な自由放任の経済や地域コミュニティを基礎とした共和主義的な市民観からの大きなブレイクスルーであったといってよい。ちなみにこの文書の中で「ネイション（nation）」の語は総計四八回、「社会的な（social）」は一六回も用いられていたのである。また、後半部分で展開される、カリブ海島嶼とフィリピンに対する軍事的支配や中国内陸部の経済開発といった構想も、ローズヴェルト自身の主張とは異なり、明らかに伝統的な孤立主義原則を逸脱した新機軸と見える。

問題の所在

「一九世紀アメリカ」との歴史的な決別に加えて、重要なことはここで列挙された論点の多くが、その後長きにわたってアメリカの国家と社会の在り方を左右し続けたという事実であろう。なるほど、右に見た二〇世紀転換期の市場規制には、「一般福祉」や「公益」といった言辞にあらわれるように、幾分道徳的な経済観が残っており、より合理的で物質主義的な経済セキュリティを求めたニューディール政策などとは異質な部分もある。しかし、長い歴史の流れを鳥瞰するなら、二〇世紀のアメリカは無数の対立を内包しながらも、総じて「大きな政府」による問題解決の道を選択してきたように見える。二度の世界大戦時の総動員政策を梃《てこ》に、世紀中葉のアメリカは西欧諸国と同じく福祉国家と呼びうる体制を形成していったのである。

加えて、ローズヴェルト教書の前半と後半、すなわち広い意味での福祉国家へ向かう道程とアメリカの対外膨張の趨勢とが表裏一体、強く結びついていく構造も長期持続的なものであった。二〇世紀初頭におけるアメリカの国民国家としての成熟は、しばしばフィリピンやキューバといった島嶼植民地の統治に影響を与え、また植民地での経験がアメリカの国内統治や社会政策を左右する力を持った。そうしたアメリカの内と外の相互規定的な関係性は第二次世界大戦後にもかたちを変えて継続し、例えば冷戦期の海外援助プログラムと国内の貧困撲滅政策などでも、多様な思想と人材の往還が確認できる。

最後に、右に見た一九〇一年の年次教書では、あえてふれられなかった重大な社会問題があったことを指摘しなくてはならない。それは人種差別の問題である。実はローズヴェルトは南部の民主党一党支配を切り崩す目的から、黒人指導者ブッカー・T・ワシントンと親交を結んでおり、大統領昇進後の一〇月一六日、彼を正式な晩餐に招待している。この晩、黒人で初めてホワイトハウスの賓客となったワシントンは、ローズヴェルトの家族と食卓を囲んだが、このことを伝える翌日のプレスリリースは、ローズヴェルトに対する苛烈な政治バッシングを呼び起こした。結局、大統領の人種問題への対処は非公式なコミュニケーションのかたちを取らざるをえなかった。このような政治のメインストリームにおける人種差別の不可視化は、一八九〇年代の南部に確立するジム・クロウ体制（人種隔離）や黒人投票権剥奪が革新主義やニューディールの改革政治と共生していくことを可能にした。

しかし、二〇世紀アメリカが労働者の「生活水準」や移民制限、救貧といった文脈からシティズンシップを「社会的なもの」として再定義していくとき、ほとんど不可避的に「人種」は最も深刻な政治課題となった。W・E・B・デュボイスによれば、まさに「二〇世紀の問題とは、カラーライン（皮膚の色の境界線）の問題」だったのである。また「人種」は当然のことながら、アメリカの植民地経営や冷戦期の第三世界との関わり方と密接に関係していた。植民地支配は、しばしば支配者の人種偏見を助長したが、それと同時に植民地人や海外の有色人から見ると、本国内の人種関係そのものが支配の正統性に直結する大問題であった。つまり、人種差別の存在は帝国的な膨張をつづけながら福祉国家を形成した二〇世紀アメリカのアキレス腱であった。だが、それにもかかわらず(あるいは、それゆえにか)、人種問題が本当の意味で全国政治の課題として再浮上するのは、一九六〇年代中葉の市民権法の制定を待たねばならない。

以上概観したような二〇世紀アメリカの福祉国家＝帝国の政治体制は、ジョンソン政権の「偉大な社会」(一九六三―六九年)を一つの到達点として、おそらく一九七〇年代の半ばまで存続することになる。この体制が急激に衰退していく背景には、ベトナム戦争に起因する財政難や石油危機後のスタグフレーション、さらには市民権運動がもたらしたニューディール・民主党支持層の分裂など多様な原因が指摘できる。いずれにせよ、一九七三年頃を境に、市場における個人の選択の自由を重視する「小さな政府」や自助・自立の言説が支持を集め、脱工業化の打撃を受けた白人労働者階級の人種統合への抵抗が顕在化するなど、警察の市民監視や収監政策の領域を除いては、ほとんど福祉国家の枠組みは打ち捨てられていった。

本書が問おうとしていることは、このような二〇世紀アメリカの「社会的な」国民国家がいかにして形成されていったのか、そして、それは同時に進行していたアメリカの帝国化とどのような関係があったのかという問題であり、さらにその際、どのように人種問題やジェンダー規範がこの史的展開を規定していったのかという問題である。したがって、叙述の始点はおおよそ、二〇世紀への転換期とするが、その終点は一九七〇年代半ばに設定することになろう。この二〇世紀アメリカの七〇年余りを再考することは、その廃墟の上に生成した今あるアメリカの歴史的な性格を明らかにし、そこに横たわる諸問題の意味をより深く知ることにも直結するであろう。

第一章　革新主義の時代

モンロー・ドクトリンのローズヴェルト系論に関する当時(1904 年)の風刺画

1　社会改革の理想と現実

「偉大なる光」

二〇世紀への転換期から第一次大戦に至る時期のアメリカは、しばしば「革新主義の時代」と呼ばれる。急激な工業化がもたらした、資本の集中や都市環境の悪化、移民の流入、貧富の格差といった問題が、若いアメリカ中産階級に広く危機意識を醸成し、自らを改革者(reformer)、あるいは、革新主義者(progressive)と認め立ち上がるものが続出した。

彼らの多くは、高度な資本主義社会の到来が、伝統的にアメリカ人がよって立つ自由や平等、民主主義といった理想を毀損しつつあると懸念し、また、権力が一部の大企業や富裕層に集中して、主権者であるはずの「人民」が政治的決定から疎外されていることに心を痛めていた。そして、この状況を克服するためには、従来の自由放任や個人主義の原則を超えて、何らかの能動的な社会改良と制度的調整が必要だと確信したのだった。革新主義を代表するジャーナリストであったウィリアム・A・ホワイトは後に当時をこう述懐する。「新しい世紀の最初の一〇年が始まったころ、ゆっくりと偉大なる光が見えてきた。無数のアメリカの政治や公共のリーダーたちが私と同じ光を見ていた……諸州のいたるところで、二大政党の若手が旧い事物を攻撃することで指導権を掌握しようとしていた」と。

この新世代の情熱は、当時のアメリカ政治の主流にも、「改革」を是とする雰囲気を生み出していく。「はじめに」で取り上げた、若き大統領セオドア・ローズヴェルトが、自ら革新主義者を名乗り、反独占や社会政策のプログラムを推進したのはそのためである。ローズヴェルトの政府は、一九〇二年、シャーマン反トラスト法を用いてモルガン系の鉄道持ち株会社の創設を阻止し、四年後には、ロックフェラー財閥のスタンダード石油を告発してこれを解体しようとした。また同政府は翌一九〇三年に商務労働省を新設し、省内に企業関連の情報公開を目的とする会社局を置き、さらに一九〇五年に発足した第二次ローズヴェルト政権では純良食品・薬剤法、食肉検査法を制定した。これらの施策は、必ずしも企業の近代化、巨大組織化それ自体を禁止するものではなかったが、市場の寡占状態が「公益」を害していると見られる場合には、公権力の介入によって市民社会と私企業の健全な均衡関係を回復しようとするものだった。

革新主義者の群像

このように、革新主義の台頭はアメリカの政治経済を変化させる大きなうねりを作り出していた。だがその一方で、具体的な「改革」の目標や担い手は実に多様であり、その全体像をつかむのは容易ではない。ある改革者は、都市の移民を巻き込んだ金権政治を難じて選挙制度の改革を唱道し、またあるものは、科学や医療の見地から劣悪化する公衆衛生の改善に取り組んだ。さらには、物質主義による精神の退廃を嘆いて節酒や禁酒の制度化を目指す宗教者も「革新主義」の隊列に加わっていたのである。つまり、革新主義は単に独占企業の規制や労働関係の調停といった市場経済の改良のみを目指したのではなく、社会正義の所在をめぐって文化・道徳運動的な性格を含み持っていた。

なかでも「社会福音(ソーシャル・ゴスペル)」と呼ばれるキリスト教諸宗派による活動が改革思潮の背景にあったことは無視できない。例えば、工業都市シカゴの郊外に本部を置いた女性キリスト教節酒連盟(WCTU)は世俗の政治改革にも強くコミットし、女性参政権運動の全国的な拠点となった。あるいは、同じくシカゴの移民街にアメリカ初のソーシャル・セツルメント(ハル・ハウス)を設立したジェーン・アダムズやバプティスト牧師としてニューヨークの貧困地区の改善に献身したウォルター・ラウシェンブッシュ等は、酷薄な格差社会の不平等を憂い、隣人愛を基礎とした連帯＝コミュニティを大都市に築こうとした。このように、革新主義にはある意味で「旧い」道徳規範に裏打ちされた「改革」の実践という側面があった。

だが同時に、近年のグローバルな思想史研究が明らかにしたように、アメリカの革新主義は同時代のイギリスのフェビアン協会やドイツ社会民主党が先導した国際的なソーシャル・ポリティックスの一翼を成してもいた。例えば、革新主義を代表するオピニオン誌『ニューリパブリック』（一九一四年創刊）においても、最初の一年に掲載された論文の四分の一は、ハロルド・ラスキ等、イギリスの左派論客の筆によるものだった。

大西洋を越えた思想と人材の交流は非常に活発で、それゆえ、実際の革新主義者には一見矛盾した両面性を持つものが少なくなかった。ハイデルベルク大学に学びアメリカ社会科学の基礎を築いたリチャード・イーリーや、ハレ大学への留学を経て革新主義に「豊かさ」と消費の経済論を導入したサイモン・パッテン等は、同じ時期に敬虔な福音主義者としてキリスト教社会連盟等の社会事業に尽力してもいた。またソーシャル・ゴスペルの柱の一つだったセツルメント活動も、そもそもの始まりはJ・アダムズがロンドンのトインビー・ホールで研修を受け、その科学的なノウハウを「輸入」したのが最初だった。こうした事実が示すように、個々の革新主義者は「世界」と地域を同時に生き、新旧二つのアメリカの間を往還するがごとくであった。要するに、この改良思潮には一九世紀的なアメリカ民主主義と二〇世紀のグローバルなモダニティを架橋する独特の過渡的性格があったのである。

「社会的な」改革と新しい貧困観

しかし、この広範な思想・運動群に広く共有された関心や政治手法があったことも指摘できる。なかでも注目に値するのが、様々な改革者たちが貧困や労働にまつわる「社会的な」問題領域を新たに見出していたことである。それは、旧来の市民社会がよってたつ市民—国家間の社会契約とも、地域的かつ対面的なコミュニティ生活とも異なる全国的な政治・経済であり、工業化が生み出した匿名的な連帯の空間でもあった。この革新主義における「社会」の発見は、一九世紀に繁茂した「アメリカの自由」に対して意識的に修正を迫る主張を様々な分野で生み出していた。前出のイーリーは繰り返し個人主義の限界を説き、「社会連帯の意味するところは……我々の真の繁栄が純粋に個人的なものではなく、同様に社会的なものであることだ。我々の幸福と繁栄は、常に共通の福祉としてしかありえないのだ」と論じていた。またセツルメント活動家J・アダムズは、都市の生活困窮者と移民を支援する運動の目的を、「民主主義に社会的な機能を付加すること」だとした。つまり、「(移民を含む)諸階級間の依存は相互的である」ので、「社会組織全体を民主化し、民主主義を政治的表現を超えて拡大すること」が望まれると。また、そのような新しい民主主義の基盤になるのが、高い生活水準の普及であり、その意味で労働者の諸権利の保護は喫緊の課題だとされた。

こうした議論が意義深いのは、急激な工業化のなかで顕在化してきた都市問題、なかでも「貧困」問題に新しい手法で取り組むことを可能にしたからである。一九世紀の救貧が、貧困の原因を究極的には個人の怠惰に帰したのに対し、諸階級を架橋する社会連帯を構想したアダムズらは、この社会悪をより大きな政治・経済構造のなかで生み出される「欠乏」の問題だと考えた。アダムズに憧れ、ハル・ハウスのレジデントとなったロバート・ハンターは、貧困を「身体的効率を維持するうえで必要な」衣食住を欠く生活水準と定義し、当時およそ一〇〇〇万人がこの基準以下の暮らしをしていると主張した。ハンターは特に住環境の改善に情熱を傾け、彼の運動は一九〇二年、集合住宅の公衆衛生を包括的に規制するシカゴ市条例に結実した。また、イーリーの在籍時にジョンズ・ホプキンス大で学んだ経済学者ジェイコブ・ホランダーは、一九一四年の著作『貧困の撲滅』のなかで、最貧層の「慢性的な公的扶助への依存」をある種の「社会的身体（the social body）の病理」としながら、これを抑止するセーフティネットの必要を説いていた。貧困は何らかの行政施策を通じて解決されるべき社会問題だというのが、多くの革新主義者の見方だった。

消費と生活水準

ここで重要になってくるのは、革新主義期のアメリカで流行語のように用いられた「生活水準」という言葉だろう。それは大衆が消費できる財貨やサービスを量的に捉えようとする、物質的な「豊かさ」の指標である。こうした概念が生まれる背景には、これまでの富の生産に注目した経済観から、分配と消費への関心の推移という知的な転換が前提としてある。消費経済論の先駆者であったパッテンは、二〇世紀初頭の好景気のなかで蓄積された「社会的剰余」を適切に分配することで、貧困をなくし生活水準を向上できると論じた。また、カトリックの社会改革者、ジョン・ライアン神父は「生活賃金」という言葉で、「見苦しくない」生活水準の享受は労働者の権利の一つであり、労使の「契約の自由」に優先される正義だと主張した。

このような新しい政治・経済思潮のなかで光を放っていたのが、代表的な革新主義者のひとり、ウォルター・ワイルだった。ワイルはパッテンの弟子筋にあたる若い経済学者で、やはりドイツへの留学歴があった。一九一二年に上梓した主著『新しい民主主義』には、いくつもの現代的な議論があらわれる。まず、同書は一九世紀のアメリカの発展を支えてきた「個人主義的民主主義」がその財産権への固執ゆえに、機能不全に陥っている現状を訴える。端的に言って最大の問題は、一部の大企業と富裕層への特権の集中であり、その裏面ともいえる貧困の深刻化であった。注目すべきは、ワイルがこの金権政治に対抗するものとして「消費者」という、階級や出身国、ジェンダーを超えて利害を共にする大衆の連帯を唱えたことである。「十全な民主主義の希望がよってたつのは……ますます増大するアメリカの富である」――社会改革の本質は階級闘争ではなく、消費者利益を最大化する民主的な再分配にある。ワイルはそうした改革の目標を「社会化された民主主義」と呼んだ。

さらにワイルは、民主的な分配のためには、独占企業や労働関係に公権力が積極介入し、「産業の社会化」を進めるべきだとした。また、このアプローチを実質化するものとして、社会保険、公的年金の制度化にも言及した。ここに明らかなようにワイルの「社会化された民主主義」は、国家権力の社会経済領域への拡大論と親和的である。彼は全国政治の文脈では、セオドア・ローズヴェルトの国家主義を強く支持し、近しい思想を持つウォルター・リップマンやハーバート・クローリーと共に『ニューリパブリック』誌を創刊することになる。

社会正義の追求とその限界

このように革新主義のなかには、一九世紀の個人主義を乗り越え、新たな社会紐帯を形成することで民主主義の「再建」を目指す主張が遍在した。また、そうした観点から労働者の権利保護や経済的なセーフティネットへの関心が高まりつつあった。全国的な運動も次々立ち上がっており、一八九九年に最低賃金法成立を目標の一つに掲げる全国消費者連盟（ＮＣＬ）が結成され、一九〇四年には全米児童労働委員会が、翌一九〇五年には労災保険の制度化を目指すアメリカ労働法協会がロビー活動をはじめている。だが、二〇世紀初頭の段階で、連邦レベルでの「改革」の成果は、いわば象徴的なものとして行われた反トラストや初歩的な移民政策、そして各種規制官庁の再編等に限られた。むしろ「社会的なもの」をめぐる当時の主戦場は都市レベル、州レベルの改革政治にあった。

まず革新主義期のアメリカ都市は、その急激な膨張傾向と複雑化する都市問題ゆえに、市政の合理化、専門化が強く求められていた。一九〇〇年代以降、多くの「革新」都市は、政治任用による専門行政官が主導するコミッション制やマネージャー制を採用した。それは政治ボスによる旧い支配を排し、科学的なガバナンスと健全な住民自治を追求するものだった。実のところ、大学卒の社会意識に富んだ若者が多数参加したセツルメント運動もそうした都市政治の浄化潮流の一環として現れた面があった。

こうした専門家・テクノクラートの地方自治への関与は、州レベルの革新行政にも波及していく。共和党革新派のロバート・ラフォレットが知事、次いで上院議員として断行したウィスコンシン州政改革は、ウィスコンシン大学の研究者を各種行政委員会に大量に任用し、科学的かつ民主的な行政を確立しようとするものだった。同州では、電信・電話をはじめとする公益事業や鉄道を規制する州法が次々と制定されるなど全米の革新州政のモデルとなった。そして、この州レベルの改革政治のなかで、一九一一年、アメリカ初の公的な労働災害補償制度が創設された。

だが総じていうと、政治腐敗の防止や反独占が広く受け入れられたのとは対照的に、労働と社会福祉に関する地方政治の成果は、なかなか制度として定着を見なかった。その最大の阻害要因は司法の保守性にあった。例えば、児童労働を禁止する州法は、一九〇〇年代には北部を中心に大きな広がりを見せていたが、しばしば連邦裁判所から違憲判決を受けた。また運よく存続した法令も州ごとに規定が異なったため実質的に機能しなかった。労働時間の規制や最低賃金法については、さらに厳しいものがあった。連邦最高裁は一九〇五年に、一日一〇時間、週六〇時間を上限としたニューヨーク州の労働時間規制法に対して違憲判決(ロックナー対ニューヨーク州判決)を出している。その論拠は、同法が憲法修正第一四条の定める「個人が契約を結ぶ権利及び自由に対する、不合理かつ不必要そして、恣意的な侵犯」にあたるというものだった。このように「契約の自由」を盾に労働条件の規制を阻む法慣行は、その後一九三七年の最高裁判決でワシントン州の最低賃金法に合憲判決が出されるまで長きにわたって存続しよう。

母性福祉の潮流

労働史家はこの暗黒期を「ロックナー時代」と呼んでいるが、ここには一つの例外があった。それは女性労働の領域である。一九一二年、マサチューセッツ州法としてアメリカ初の最低賃金法が成立した。それは女性と児童の労働に関してのみ、州コミッショナーが改善勧告を出せるというものだった。この背景には、フローレンス・ケリー率いる全国消費者連盟がその最低賃金法成立を求める運動において各種女性団体と提携する路線をとったことがあった。女性参政権活動家でもあったケリーはかつてアダムズのハル・ハウスで働き、一九一〇年代にはニューヨーク市のヘンリーストリート・セツルメントを拠点に活動していた。同法は革新主義が見出した「社会的な」フェミニズムと労働改良思想の結節点に現れた大きな成果であった。

だが、それは同時にライアン神父が主張した人間の尊厳のための「生活賃金」論などとは、異なる政治文化によって支持されたものでもあった。そのことは、ロックナー判決のわずか三年後の一九〇八年に出された最高裁判決に明らかだった。このミューラー対オレゴン州判決は、女性の労働時間を最長一〇時間に規制したオレゴン州法を合憲と認めるものだったが、その論拠はあくまで「母性の保護」に求められた。すなわち、「母親の健康は元気な子供にとって欠かせないものであるので、女性の身体的安寧は公益の対象であり、我が人種の強靭さと活力を維持するための関心事なのだ」と。

かつて政治学者シーダ・スコッチポルは、二〇世紀初頭のアメリカが全国的な社会政策を根本的に欠いていた事実に注目し、これを補完する形で独特の母性主義が発達したことを明らかにした。すなわち、当時連邦政府が管掌した公的年金は、南北戦争の北軍退役軍人への恩給のみで、労働者一般に対するセーフティネットはきわめて脆弱だった。他方、要扶養児童を抱える母親に対する州レベルの年金は、一九一〇年代のイリノイ州等の事例を皮切りに、大恐慌期までに全米に普及した。スコッチポルは、かかる原初的な「母性福祉国家」生成の要因をアメリカにおける歴史的な階級政治の不在――あるいは組織労働と国家の懸隔に求めたのだった。

言うまでもないことだが、労働と福祉の母性主義は、出産と育児を女性の第一義的な任務とする社会規範から発し、可能な限り女性を職場と労働市場から遠ざけようとする力学を背景とした。また、そうした性役割をとおして公共性への回路を確保しようとする思考は、アメリカの建国期にまでさかのぼる最も旧い種類の性イデオロギーに由来する。新しい社会的なフェミニズムを構想したケリーやアダムズにして、このような旧い価値感と妥協し、相乗りすることでしか、女性労働者やシングルマザーを守れなかった事実は重い。革新主義が社会福祉と労働者保護で達成できた社会正義は深い限界を抱えていたのである。

2　人種・民族的な国民社会

エスノ・レイシャルな社会問題

むしろ、革新主義が発見した「社会的なもの」は、人々を分断する「差異の政治」を起動したという点でより深刻であったかもしれない。改革者たちの「社会状態」への批判的な眼差しは、逆説的に、異なる生活文化に暮らす「他の人々」の存在を炙り出すことになった。そしてこの人々が関わる貧困や犯罪、政治的腐敗等の「社会問題」は、公的な政策によって改善されるべき何かとされたのだった。

たしかに、貧困を貧者自身の道徳的堕落によるのではなく、住環境や生活水準を含む「環境」の問題と位置付けたハンターやホランダーの議論は画期的だった。だが、そうした物質主義的な貧困アプローチは、一般的な経済的欠乏への対策を要請する一方で、それだけでは解消しえない、慢性的依存者の存在を可視化するものでもあった。しかも、当時の改革者の多くは、そうした困窮者を人種・民族的《エスノ・レイシャル》な出自と結びつけて理解しがちであった。実際ハンターは一九〇四年の著作のなかで、次のように書いている。「貧者はほとんどの場合外国生まれである……言語や制度、慣習、宗教がネイティヴと外国人を分けるのである」。そして、特に南・東欧系の新移民は、「アメリカの生活に迅速に適応できず……低劣な品性と不快な生活水準を墨守している」と。このように同時代の都市貧困の言説と結びつくなかで、移民問題自体が新たに政治化していった。移民の入国を量的、質的に規制するか、入国後の文化変容に期待するかは別として、何らかの公的な対移民政策が必要であるという点では革新主義期のアメリカに幅広いコンセンサスが築かれていった。

第二期セオドア・ローズヴェルト共和党政権（一九〇五―〇九年）は、いち早くこの問題に対応した政府であった。一九〇六年、共和党が多数を占める議会は新しい帰化法を制定し、滞米期間（五年間）や帰化可能な「人種」に関する従来規定に加えて、一定の英語会話能力や申請書への自筆署名といった文化的同化の達成を帰化の要件とした。同法の立法過程には、ローズヴェルト自身の影響力も小さくなかった。彼は、特定の民族を名指しして移民を規制することには否定的で、少なくともヨーロッパ移民については広くその適応力を信じていた。

アメリカ化と移民制限

この頃、メルティングポットのメタファーよろしく南・東欧移民の同化を促す「アメリカ化」キャンペーンが全米の産業都市に広まっていく。なかでも四〇を超える国々からの移民労働者を雇用したフォード自動車会社などの製造業者は「アメリカ化」に関心を示していた。外国人労働力に大きく依存した当時のアメリカ産業界は、総じて移民の規制には反対だったが、事故防止や生産効率の観点から同化がもたらす「規律」を必要としていた。フォード社は一九一三年、自社の工場敷地内に夜間英語学校を設立――ＹＭＣＡから講師を招いて、移民労働者の英語化を進めた。また同社は翌一九一四年には「社会学部門」を創設し、従業員の家庭生活をモニターするようになった。監視項目は、住居の衛生状態から学齢児童の出席状況まで多岐におよんだが、その代償として日給五ドルという破格の高賃金が約束された。二〇世紀のアメリカ化はつねに「見苦しくない生活水準」によって裏書されねばならなかった。

このように移民のアメリカ化という文化変容プログラムに注目が集まる一方で、ローズヴェルト大統領ら革新主義の主流は、アメリカ社会の移民受け入れ能力の限界を懸念してもいた。移民の量的コントロールが、そもそもアメリカ化のかぎとなる高生活水準の条件の一つだという見方である。帰化法改正の翌一九〇七年に成立した新しい移民規制法は、「痴愚者、精神薄弱者……極貧の者」を「公的負担(public charge)となりそうな人々」としてその入国を禁じるものとなった。さらに同法は、「入国前からの原因で、公的負担となった……すべての外国人」を政府が国外退去させる権限を認めていた。「生計を立てられなかった」移民は誰でも不適格者として「約束の地」から放逐される可能性があった。

識字テスト

加えて、一九〇七年移民法は、議会にウィリアム・ディリンガム上院議員を長とする特別委員会を設置し、新移民の起源とアメリカ社会への影響の調査にあたらせた。同委員会は一九一一年に全四一巻から成る調査報告書を刊行するが、同書は新来の移民の労働環境や人種的資質に至るまで、詳細なデータを掲載し、その後のアメリカ人の国民観に大きな影響を与えることになる。そしてこの長大な報告書がたどり着いた一つの結論は、「アメリカ民主主義の保護」

のためには、何らかの測定可能な指標によって移民を選別すべしというものだった。より具体的には、識字能力によって入国の可否を決することが、最も実現性の高い方策だとされた。識字——すなわち初等教育の有無という、貧困と深い関係がある「社会的な」成育歴が、アメリカ人になれる移民とそうでない者を分かつ分水嶺たるべきだという主張である。

しかも、ディリンガム委員会を含む当時の政治家、専門家たちの間ではアメリカに入国を求める移民に占める非識字者の比率が、出身国によって異なることが前提とされていた。連邦国勢調査局の統計学者、フランク・ワーンによれば、ボスニア、イタリア、ルーマニア、リトアニア、トルコからの移民は三分の一以上が非識字者なのだという。こうした人口学や優生学の知見と素朴な民族偏見がない交ぜになった「移民問題」認識は、議会の立法にも大きな影響を与えた。一九一七年二月に成立した新しい移民法は、入国時に識字テストと人頭税を課し、またアジアからの移民を禁止するものとなった。この移民への排斥感情は、逆説的に二〇世紀のアメリカ人がいかに自分たちのアイデンティティを、民主主義を、そして生活水準を人種・民族的なものとしてみるようになったかを示すものであった。個人の自由と機会の均等をよすがとして形成された伝統的なアメリカニズムはすでに大きく変容していた。

新しい人種差別

「社会的なもの」の発見が、国民社会の中に新たな境界を画定したという意味では、二〇世紀初頭に広がった新しい形態の黒人差別もよく似ていた。すでに知られる通り、アメリカ南部では世紀転換期に黒人市民からの投票権剝奪が急激に進む。具体的に言うと、各州憲法に規定する投票要件に識字テストや投票税を加え、また選挙前有権者登録を制度化することで、貧しく教育のない黒人大衆を「実質的に」投票箱から遠ざけたのだった。一九〇八年までに南部八州すべてで、そうした投票制度が確立することになるが、重要なのは、こうしたあからさまな人種差別が、多くの南部革新主義者から支持されたことだった。南部における公教育の普及と児童労働制限、そして黒人の地位改善事業の中心人物だったエドガー・マーフィーは、一九〇四年の著作の中で、現段階では「知性と行政能力、そして公的秩序のためには白人至上主義が必要だ」と述べた。なぜなら、民主政治は無知な有色の大衆がそれを掌握するやいなや粉々に消えてしまうからだ。革新主義の政治浄化の文脈ゆえに、現状では黒人からの投票権剝奪を支持せざるをえないというのである。

同様の「改革」と人種主義の混交は、ジム・クロウと呼ばれる比較的新しい差別についても当てはまる。それは、学校や病院、劇場、鉄道客室等の公共スペースで黒人を隔離し、白人主流社会が持つ社会リソースへのアクセスを拒む慣行である。二〇世紀初頭の南部諸州では、こうした差別を次々と各種州法や自治体の条例で法的に承認する状況が生まれていた。それは南北戦争再建期に雄々しく立ち上がった「平等化」の潮流が社会的な領域に及ばんとするとき、敢えてこれに抗しようとした支配的な集団による防御的な運動であった。だが、このアメリカ版の人種隔離制度についても、当時のリベラルの間にはある種の共感が存在していた。高名なジャーナリストのレイ・スタナード・ベイカーは、一九〇八年の自著で、「南部のジム・クロウ法は……無知な両人種の衝突を避けるのに必要である。それは、進歩のために欠かせない足場であり、黒人も、実のところ、この法律から利益を得ている」と書いている。カラーラインという障壁で白人の生活空間から隔絶されることで、黒人大衆には安全が確保され、「人種集団としてのリーダーシップを涵養できる」という論理、あるいは差別の正当化であった。清廉な自治と科学的な社会統治を求めた革新主義――この二〇世紀の改革政治の中に、たとえいびつな形であれ人種主義が居場所を得たことは、この問題の解決をきわめて困難なものにした。

新世代の黒人運動

もちろん、こうした社会的な差別をすべての革新主義者が容認していたわけではない。二〇世紀初頭は、黒人の市民権擁護を求めるリベラルの運動が力強く胎動し始めた時期でもある。その代表的なものは、一九〇九年に創設された全米有色人地位向上協会（NAACP）であった。

同協会は、黒人の社会学者W・E・B・デュボイスやアイダ・B・ウェルズと白人の女性参政権運動家メアリー・オビントン、そしてJ・アダムズ、F・ケリー等のソーシャル・セツルメント、フェミニスト人脈を中心に立ち上げられた。

この背景には、デュボイスやウィリアム・トロッター等、若い黒人活動家の台頭があった。彼らは一九〇五年にニューヨーク州ナイアガラ・フォールズに集い黒人投票権剝奪とジム・クロウを公然と批判する声明を発した。それは、前世代の黒人運動を代表するブッカー・T・ワシントンの「適応主義」を批判するものでもあった。主に南部で活動したワシントンの運動は、黒人大衆の経済的な発展や職業訓練を受ける機会に焦点をあててきた。できるだけ政治的主張を避け、漸進的な黒人自身の改良をもって国民社会への統合を目指すその戦略は、理解ある白人博愛主義者やローズヴェルトをはじめとする共和党革新派からの支援を期待するものでもあった。これに対してデュボイス等は高等教育を受けた黒人指導者の重要性と非妥協的な政治闘争を主張したのであり、両派の確執は長く黒人の地位向上運動に影を落とすことになる。

ただし、若年期にワシントン・グループで育ち、後にNAACPに加入したジェイムズ・ウェルドン・ジョンソンのように、組織・人脈を越えて活動する黒人指導者も多く現れてくる。ジョンソンは、一九〇六年セオドア・ローズヴェルト大統領の抜擢で駐ベネズエラ領事に任じられ、タフト政権期にも駐ニカラグア領事を歴任。その後、第一次大戦期にNAACPに加わり、一九二〇年には初の黒人代表幹事に就任するという経歴をたどっている。この時期、確実にアメリカ黒人の権利運動は活性化し、全体としての政治力を高めていった。

「社会的な平等」と黒人

もっともNAACPが体現した黒人エリートと革新主義左派の連合による反差別運動は、それ自体として両人種間の「平等」を容易に達成できたわけではない。黒人の苦境に対する白人リベラルの同情は、「黒人問題」という特殊な社会問題を作り出した一因でもあった。大都市での黒人の貧困について、はじめて包括的な調査を行ったのもセツルメントの都市改革者であった。長くハル・ハウスの財務責任者を務めたルイーズ・ボーエンは、一九一三年、少年犯罪への関心から、シカゴの黒人地区の家族生活と住環境の調査を実施し、黒人には「適切で高収入の雇用がない」こと、高い比率でシングルマザー世帯が占めることなどを報告した。また同じ年、元ハル・ハウスのレジデントで社会学者のソフォニスバ・ブリキンリッジが、論文「住宅問題のなかのカラーライン」を発表している。「貧しく、黒人であれば、吹き破れた不衛生な住宅と下宿人という社会悪に直面せざるを得ないだろう。……黒人は異常に高い家賃と、隔離された悪徳との危険な近さから逃れることができない」――そのように概括したブリキンリッジ論文は明らかに、移民街の苦労話とは異なる「黒人の貧困」の悲惨さを強調するものだった。

この両人種の間に引かれた社会的な境界線（カラーライン）の問題は、黒人の指導者の間でも極めてデリケートな問題として扱われた。それは当時大いに人口に膾炙した「社会的な平等」という言葉の用法にもよく表れていた。元来「社会的な平等」とは、単なる形式的な機会均等を超えて、競争の結果としての実質的な平等を意味するものであり、革新主義左派の再分配論者や社会保障推進者が好んで使った表現であった。しかし、同時にこの語は、保守的な人種主義者が黒人ラディカルを批判し、政治的に貶めようとする際に濫用したものでもあった。端的にいって、そうした文脈で「社会的な平等」が用いられるとき、それは異人種の混交、わけても異人種間結婚を含意した。

一九〇五年、ハワード大学の黒人教授ケリー・ミラーは、『ナショナル・マガジン』誌に「社会的平等」という論文を寄稿している。このなかでミラーは次のように現状を非難した。黒人が「社会的な平等」を求めると、いつもきまって白人社会のヒステリックな反応を買うことになる。しかし、「〔アメリカ社会の主流を占める〕白人との関係において、平等に関する社会的な権利が否定されれば……それは社会生活で何の平等も望みえないということになる」と。またデュボイスも保守勢力によるこの語の意図的な誤用に憤りを隠さず、「社会的平等とは……〔本来〕同胞と交際することの道徳的、精神的、身体的な健全さを意味する」のであり、「法や慣習でこの平等を否定しようとするいかなる試みも、人道と信仰、そして民主主義に反するものだと信じる」と言明した。だがそれにもかかわらず、デュボイスは「社会的な便宜性」の観点から黒人大衆に現実的な自制を求め、「個人の道徳的、法的権利を維持しつつも、アメリカでの異人種間結婚に断固として反対の助言をする」とNAACPの機関誌に書いた。

この黒人指導者の葛藤こそ、二〇世紀のアメリカが苦悶し続けた矛盾であった。そしてこの社会正義の夢と新たな分断のせめぎ合いは、決してアメリカ国内に閉じたものではなかった。この同じ時期、アメリカはカリブ海から太平洋に広がる島嶼植民地帝国を築き、現地の人々を支配するようになっていた。革新主義の改良思潮はアメリカの植民地統治のあり方に大きく影響を与え、また支配の経験は本国の人種主義や国家形成を大きく左右する力を持っただろう。

3　革新主義とアメリカ帝国

帝国への道

革新主義者が社会の改良と再編に際して常に示したある種の楽観と積極性は、アメリカの国境を越えた世界に対しても変わることがなかった。アラン・ドーリーが鋭く指摘したように、二〇世紀初頭の改革者にとって、国内に社会正義を打ち立てることと、世界全体を人類にとってよりよいものにすることは切り離せない二つの使命であった。その意味で、新しい世紀のアメリカの対外政策は伝統的な孤立主義とは根本的に異なる境地を歩んでいた。W・A・ホワイトが見た「偉大なる光」はカリブ海の島影や太平洋の水平線からもあふれ出ていたのだった。

もとより、「世界を変革する」といっても、そのアプローチは革新主義者の間で様々であった。セオドア・ローズヴェルトを中心とする国家主義の傾向の強い改革者は、列強との勢力均衡と支配地域の文明化・経済開発を目指す、帝国主義リアリズムを追求した。これに対して、J・アダムズをはじめとする社会リベラルは、よりコスモポリタンで人道主義的な国際平和主義を唱えていた。彼女らが構築した環大西洋のリベラルな女性ネットワークは、のちに一九二〇年代の戦争違法化運動につながる底流を作り出していった。また、第一次大戦期に大統領を務めたウッドロー・ウィルソンのグループは、自由な民主主義の「理念」に基づく多国間協調の国際秩序を構想した。これがのちに国際連盟という具体的な形をとり、今日に至るアメリカの世界政策に大きな影響を及ぼしたことは言うまでもない。

ともあれ、二〇世紀の最初の十余年間に政権を担ったローズヴェルト共和党の膨張主義的手法が、当面アメリカの世界との関わり方を定めるものとなった。さて、一九〇一年に始まるローズヴェルト政権が精力を尽くした国際係争地域は、中米カリブ海と西太平洋・東アジア地域であった。それは、ローズヴェルト自身が当事者であった一八九八年の米西戦争の戦後処理という側面をもっていた。アメリカは「すばらしい小さな戦争」と呼ばれた米西戦争で、キューバ、プエルトリコ、フィリピン、グアムを占領し、またこれとは別に、同年ハワイを併合した。しかし、それは際限のない「支配の矛盾」の始まりだった。そもそも、米西戦争はキューバの対スペイン独立運動を善意の第三者としてアメリカが支援する構図で始まった。しかし、戦後アメリカは革命派によるキューバの完全独立には、秩序維持の観点から同意できず、かといって同島のアメリカ併合にも国内の製糖業者等の反対から踏み切れなかった。米議会は一九〇一年、いわゆるプラット修正によってキューバの独立を認めつつも、アメリカによる内政干渉を制度化した。同修正は、最恵国待遇を約する一方で、キューバの他国との条約締結を禁止し、また、グアンタナモ湾に米海軍基地の施設を求めるものであった。

このキューバ「独立」の経緯から明らかなことは、アメリカがカリブ海の島々の経済破綻と政情不安に極度に神経質だったことである。歴史学者デイヴィッド・ヒーリーが明らかにしたように、アメリカを含む列強がカリブ海の小国に対峙するとき、そこにはある種の前提があった。それは、これら熱帯の低開発国の資源は工業国による利用に開かれていなくてはならず、そのための投資は最大限保護されねばならない。そして、かかる小国が列強に対する債務の履行を怠ったり、政情不安で外国人の資産を守れなくなった場合には、列強による実力行使が容認されるということだった。したがって、キューバが米西戦争以前から抱えていた債務は、これを放置して現地政府が統治能力を失えば、ドイツ、フランスをはじめとする列強の介入に口実を与えることになりえた。パナマ運河地帯の領有を目指し、中米カリブ海をアメリカの勢力圏として育成したいローズヴェルトの政府にとって、それだけは避けたい展開であった。

モンロー・ドクトリンの新解釈

だが、翌一九〇二年一二月にはベネズエラの財政破綻が明らかとなり、恐れていた通り債権保証を求めるドイツ、イギリス等、欧州列強の軍艦がベネズエラを海上封鎖した。ドイツの姿勢は特に強硬で、ローズヴェルト政権はこれをモンロー・ドクトリンに対する潜在的脅威と感じるようになった。この危機に際して、米国外交は同時期に進行中であったパナマ情勢に忙殺されてもいた。アメリカ政府は一九〇三年一月、コロンビアとの間にようやくパナマ租借条約を締結したが、同年八月、コロンビア議会は条約の批准案を否決した。これに対してアメリカはパナマの反コロンビア勢力を支援し、一一月、海兵隊による圧力を背景に独立革命を成功させる。アメリカは新生パナマから地峡地帯の永久租借権を獲得するのであった。だがその間、ベネズエラ危機はハーグ常設仲裁裁判所がドイツ等の海上封鎖を容認する決定を出すなかで妥協的に幕が引かれていった。この欧州列強のさらなる干渉を可能にする展開は、ようやくパナマ運河の開発が軌道に乗りつつあったアメリカにとって深刻なものであった。さらに同じ頃、イスパニョーラ島のドミニカ共和国でも債務の不履行と目まぐるしい政権交代が続いていた。しかもドミニカ政府は、ドイツに保護国化を打診するなどアメリカと距離をとろうとしていた。アメリカはカリブ海の勢力圏を維持するために何らかの政治的行動を必要とした。

一九〇四年一二月六日、ローズヴェルト大統領は、彼の四度目の年次教書において、のちにモンロー・ドクトリンのローズヴェルト系論と呼ばれる対外政策論を明らかにする。「我が国が望むのは隣国が安定して、秩序があり繁栄していることだ。……〔しかしながら〕彼の国が愚行を繰り返し、無力に打ちひしがれて、文明社会の紐帯を弱めてしまったときは……文明国の介入を受けざるをえない。西半球の場合はモンロー・ドクトリンを信奉するアメリカが……国際警察力を発動することになる」と。一九世紀前半に発されたオリジナルのモンロー・ドクトリンが広大な南北アメリカ大陸へのヨーロッパの干渉を排するところに本質があったとすると、この新解釈は中米カリブ海を念頭において、特定地域の政治・経済安定のためにはアメリカ合衆国が敢えて内政干渉を行う必要を説いていた。革新主義の言葉を使うなら、地域の「公益」のために、アメリカは武力行使を含む秩序維持の責務を負うというものだった。

しかし、この新解釈の歴史的な意味は甚大であった。なぜなら、モンロー・ドクトリンとは元来、近代主権国家の権力政治が織りなすヨーロッパ公法のオルタナティヴとして、新大陸に自由と「革命」のアメリカン・システムを確立しようとする装置だったからである。今やローズヴェルト系論のリアリズムは、アメリカの主権と勢力圏をドイツやイギリスのそれと同じ土俵の上に位置づけたのであり、それはアメリカ自身が中南米の革命に干渉する「普通の」帝国であることを認めることに他ならなかった。事実、ローズヴェルト政権は直後からあからさまな実力行使に訴えるようになる。一九〇五年二月には、ドミニカの税関を管理下に置いて関税徴収権を掌握するとともに、米国の資金を投入して同国の財政改革を断行した。

西半球の「国際警察としての責務」という概念自体は、すでにローズヴェルトの最初の年次教書(一九〇一年)のなかにも表れていた。しかし、この一九〇四年の宣言は、ベネズエラ危機、パナマ革命、ドミニカ危機と続く、米西戦争での獲得地の周辺で連発した国際紛争の文脈のなかで、特にドイツの中米進出を牽制する意図から出されたものだった。このドイツ脅威論は、世界政治の勢力均衡論の文脈ではイギリスとの関係重視につながる。事実、パナマ運河地帯の領有からローズヴェルト系論へと展開する中米でのアメリカの地政学的行動は、イギリスから大きな反発を受けることはなかった。その地域覇権の形成は、列強が構成する世界秩序のなかである程度承認を受けていたように見える。他方、ドイツとの関係はなお微妙で、次章で見るメキシコ革命の経過のなかで再びアメリカと角逐を深める状況を迎えるだろう。そのことは一九一七年春におけるアメリカの第一次大戦参戦の重要な原因となっていく。

ルートの島嶼帝国論

このようなローズヴェルト系論において、最も重要な役割を果たしたのは一九〇五年に国務長官となるエリフ・ルートであった。ルートはローズヴェルトが最も信頼を寄せた閣僚で、前職の陸軍長官時代には一九〇一年の対キューバ・プラット修正、一九〇二年のフィリピン組織法の起草に携わった。また、ルートは一九〇四年のかなり早い段階から、様々な機会をとらえてモンロー・ドクトリンの再解釈の必要を喧伝しており、ローズヴェルトの立場を広く世界に知らしめた功労者だった。ただしルートは元来、小国への内政干渉には否定的で、一定の自治権の付与と民生改革をとおした現地政権の育成を重視した。それは、既存の西欧帝国主義の垂直統合的な支配とは異なる、分権的な軍事拠点のネットワーク、すなわち二〇世紀の島嶼帝国システムの構想であった。そうしたルートのデリケートな統治感覚によってはじめて、カリブ海やフィリピンでのアメリカの軍事介入が、究極的には現地人の主権を守るためだという倒錯したロジックは成立しえたのである。

ところで、この一九〇四年は世界史のなかでは日露戦争の年としても記憶される。フィリピン統治を足がかりに中国での門戸開放政策を推進するアメリカにとってもこの戦争は決して小さくない意味を持った。当初、ローズヴェルト＝ルートのアメリカ外交は、東アジアにおける勢力均衡のパートナーとして日本を重視する立場をとり、ロシアの朝鮮半島への南下を特に恐れていた。そのため、ローズヴェルト大統領は日本が勝利した日本海海戦後のタイミングでポーツマス講和条約を仲介する労をとった。だが、講和の結果、日本が韓国を保護国化し、東清鉄道の南満州支線を手中に収めるという展開は、アメリカ国内に反日感情を醸成することになった。サンフランシスコでは排日運動が高まり、日系の学童が人種隔離の対象にされるという事件が起こった。一九〇七年、ローズヴェルトは日米紳士協定を締結し、日本からの移民送り出しの自粛を了とした。またより重要なのは、日本の戦勝が中国における潜在的な日米両国の利害対立を顕在化させていったことだろう。翌年ルート国務長官は高平小五郎駐米大使に対して門戸開放、領土保全の大原則をあらためて明示せねばならなかった(高平=ルート協定)。

ルートが敷いたカリブ海の秩序維持を第一義的とする対外政策は、次の共和党ウィリアム・タフト大統領の政権(一九〇九―一三年)でも概ね継承される。初代フィリピン総督であったタフトは、ローズヴェルトから後継指名を受けて大統領となったが、その政策は明らかに財界寄りで保守的な色彩が濃かった。対外政策の責任者として国務長官に就いたフィランダー・ノックスはカーネギー製鋼会社の顧問弁護士を務めた人物だった。ノックスはドミニカでの先例を踏襲して、ハイチやニカラグアに対してもアメリカの銀行から借款を与え、政情の安定化に努めた(「ドル外交」)。この政策は一定の成果を収めたが、少なくともニカラグアにおいては度重なる革命と反革命の連鎖のなかで、ドミニカのような関税管理は定着せず、一九一二年九月、米政府はついに海兵隊の上陸を命じた。その後、米軍のニカラグア駐留は一九三三年まで断続的に続くことになる。また、タフト政権は東アジア政策でも、基本的に第二期ローズヴェルト政権の対日警戒路線を引き継ぐものだった。ノックスは、門戸開放原則は満州にまで及ぶと考え、現地鉄道利権の中立化、国際化を主張した。加えて、タフトの日本移民の停止論に共鳴し、対米移民を自粛させる紳士協定を継続した。日米の関係は、次第に冷たいものとなっていった。

帝国と社会改良

他の列強の介入を招かぬためにも、アメリカの島嶼帝国においては、支配地域の政治・経済の安定が最重要課題であり、それゆえ洗練された統治と各種民生改革の推進が急務だった。そしてそのことは、「世界を変革する」夢を抱いた無数の革新主義者――合理的な統治技法を求める若いテクノクラート、貧困問題に科学的な視座を持つ厚生経済学者、「社会的なもの」の基盤として公衆衛生や環境保護に新しい意味を見出した活動家たち――を熱帯の島々に引き寄せていった。二〇世紀初頭のキューバやフィリピンはさながら革新主義の実験室の様相を呈していた。

キューバでは早くも米西戦争後の占領期に、軍医出身の軍政総督レナード・ウッドの下で大規模な公衆衛生と公教育、都市計画の導入等の改良が進められている。特に、黄熱病や十二指腸虫症といった熱帯病の克服は最大の課題であり、アメリカの支配を正当化するものでもあった。フィリピンでは、一九〇二年にローズヴェルトの環境政策の助言者だったG・ピンショーが熱帯雨林保護計画の大綱を作成し、一九〇四年にはパラワン島の刑務所で受刑者自治を取り入れた「民主化」がおこなわれている。また、薬物取り締まりへの関心も高く、一九〇八年にはアメリカ本国より早く阿片禁止法が施行された。さらに、革新主義者はドミニカにも到来した。一九〇四年の財政破綻時に国務省が派遣した調査団のなかには、前出の経済学者J・ホランダーがいた。ホランダーはドミニカ政府が抱える債務の圧縮とアメリカによる関税管理に道筋をつける活躍をした。そして、破綻国家となった当地で彼が目の当たりにした「欠乏」は、後に自身が手がける米国内の貧困研究に少なからざる影響を与えたであろう。

帝国意識の生成

アメリカの海外膨張は、米国の支配下に入った人々の暮らしを一方的に変容させたのではなかった。新たにカリブ海や西太平洋に植民地を持ったことは、アメリカ人の世界観や国内の人種・民族関係を見る目を違ったものにしていった。「世界を変革する」ことは、不可避的にアメリカ自身が変わることを意味した。

一つには様々なメディアをとおした帝国意識の形成がある。例えば、アメリカが帝国化する二〇世紀転換期には、ベンジャミン・キッドの『熱帯の統御』(一八九八年)やジェイムズ・ウォーカーの『大洋から大洋へ』(一九〇二年)など、熱帯地域を題材とする旅行記が多く出版されている。これらの流行書は、しばしば中米の劣悪な衛生状態や人々の怠惰を描き、無知な子供としての植民地と慈悲深い父たるアメリカを対比するイメージを創り出していった。

こうした問題は、当時人気の万国博覧会にも見ることができる。一九〇四年にセントルイスで開催された「ルイジアナ購入一〇〇周年」の博覧会は、当然アメリカの膨張を賞揚するものであったが、ここには一〇〇〇名を超える実際のフィリピン人が「展示」されていた。彼らはルソン島の山岳民、イゴロット族の人々で、全裸に近い姿で日々舞踊を披露し、また見物客の前で屠畜や犬食のパフォーマンスを強要された。それは野蛮な植民地人のステレオタイプを意図的にヴィジュアル化し、彼らを教え導くアメリカ文明を自賛するものだった。このセントルイス博覧会には、米軍から抜擢された兵士で構成されるフィリピン警察軍も華やかな軍楽隊を伴って参加していたのである。こうしたエンターテイメントを通じて、当時のアメリカ社会にはフィリピン人を蔑視する雰囲気が生まれていった。その後も、米政府は一貫してフィリピン人にアメリカ市民権を付与せず、彼らが本土に移り住む場合には、それがアメリカ領土内の移動であるにもかかわらず、他のアジア移民と同じく「帰化不能外国人」として扱うことになる。

このような「支配を受ける有色人」への偏見と差別が再生産される一方で、先述のとおり、同時期のアメリカには日本人移民に対する反感が広まってもいた。いずれの場合も、問題の背後にアメリカの海外膨張が喚起した帝国意識があったことは論を俟たない。換言するなら、アメリカ帝国の外縁部で起こっていた他者との接触が、本国内の人種・民族的な国民秩序に大きな影響を与えていたことになる。反アジア人の人種主義は、二〇世紀前半の大きなトレンドとなり、一九二四年移民法以降、その排斥はアメリカ法制度の中に深く埋め込まれることになる。それは、人種隔離が象徴する新しい有色人差別の広がりと重なり合いながら、二〇世紀アメリカの「社会的な」人種主義を構成していくであろう。

統治改革の還流

歴史的にみて今一つ重要な展開は、アジアとカリブ海の植民地で行われた種々の社会実験がアメリカ本国に還流し、革新主義の政治アジェンダを左右したという事実である。アルフレッド・マッコイ等の研究が明らかにしたように、特に秩序維持に直結する分野では立憲主義を掲げる本国よりも、総督府の裁量権が大きなハバナやマニラの方が急進的な「改革」が容易だった。例えば先に見たフィリピンの阿片禁止法は、アメリカ初の麻薬禁止法(一九一四年ハリソン法)の制定より六年も先行していた。一九一〇年代初頭に本格化する米国内での反麻薬ロビー活動は、しばしば植民地法制の成果を参照し、なぜ本国でそれができないのかと問うたのだった。パラワン島のイワヒグ刑務所の民主化もよく似た経緯をたどっていた。この改革のルーツはW・R・ジョージが世紀転換期のニューヨーク州で開設した少年非行の矯正施設にあった。ジョージはここで実践した受刑者自治にもとづく更生プログラムを成年刑務所にも拡大したいと考えたが、アメリカ国内法においては困難だった。そこでいち早くフィリピンで成人受刑者を対象とした「実験」を行ったのである。ジョージはその後、ニューヨーク州の刑罰システムの中でも運動を継続したが、はじめて受刑者自治が認められるのは、パラワンから遅れること一〇年の一九一四年のことだった。

公衆衛生や治安対策に関する植民地行政は、さらに本国の社会政策に直結していた。パナマやキューバ、プエルトリコで実践された熱帯病対策は、アメリカ南部革新主義の主題のひとつだったマラリアや十二指腸虫症撲滅に有用な専門知識を与えるものだった。カリブ海地域で蓄積された経験は、後の合衆国公衆衛生局（PHS）の活動につながる歴史を紡いでいく。そして、アメリカ植民地の治安行政で注目すべきは、フィリピン警察軍であろう。総督府直属の機関として一九〇一年に創設されたこの組織は、諜報工作、住民監視の機能をもつものだった。フィリピン警察軍は、米比戦争終結後もマニラ市警と連携して、植民地内部に強力な情報収集能力を誇ったのである。この「熱帯にある統治の培養器」で育まれた保安のノウハウは、アメリカ本国に逆輸入され、一九〇八年の司法省調査部（FBIの前身）、第一次大戦期の陸軍情報部の創設につながっていく。T・ローズヴェルトが一九〇一年の年次教書で求めた無政府主義者、反体制分子の監視は、こうして制度化されていったのである。

このように、革新主義とアメリカの海外膨張は広い意味で相補的な関係にあった。たしかに、一部の社会主義者やアダムズ・グループの社会リベラルのなかには、植民地支配への強い批判が存在した。だが、彼女らとて植民地の社会状態の改良を不要だと考えるはずもなく、公衆衛生や刑務所改革の分野等には多くの人材を供給していた。また、革新主義者が内面化したエスノ・レイシャルな国民意識についても、帝国アメリカの他者支配と表裏一体の関係がうかがえるし、植民地から本国への現代的な統治技法の還流という側面を見るなら、帝国こそが革新主義と二〇世紀アメリカの揺籃の地だったといえるかもしれない。むしろ、ここから浮かび上がってくることは、そうした「外圧」なしに、国内の社会改革は遅々として進まなかったという事実でもある。このアメリカ政治の保守性は次に見る一九一二年の大統領選挙にも明らかである。

一九一二年大統領選挙

革新主義に特有な曖昧さ、両面性は、運動の頂点といわれた一九一二年大統領選挙の論戦のなかにもはっきりと表れていた。この選挙は現職の共和党タフト大統領に対して、民主党候補のウィルソン、革新党を率いて出馬したT・ローズヴェルト、そして社会党ユージン・デブス候補の間で争われた。四年前に政界から身を引いていたローズヴェルトは、期待に反して穏健な政策に終始する現大統領を見限り、自ら社会保障制度や累進所得税、八時間労働、企業規制の強化等を柱とする政策を掲げて再登板した。ローズヴェルトは、革新主義の思想家H・クローリーが著書『アメリカ生活の約束』のなかで、アメリカニズムの再生のためには、ハミルトン的な国家主義の伝統を掘り起こす必要があると論じたことに触発され、自らの改革ビジョンを「新しい国家主義《ニューナショナリズム》」と呼んだ。つまり、二〇世紀のアメリカ国家においては、「行政は公共福祉の番人となり、司法は私有財産よりも人間福祉を重視し、立法は特定の階級やセクションではなくすべての人民を代表する」とされ、「我が国の社会経済状態へのかつてないほど積極的な政府介入」が要請された。

このローズヴェルト革新党のプログラムに対抗心を燃やしたのが、自身も革新主義者を標榜するウッドロー・ウィルソンだった。ウィルソンは「新しい国家主義」を巨大な官僚的機構、すなわち国家による集産主義の構想だと批判し、「個人の自由」の回復を第一に掲げる対案を提起した。興味深いのは、この「新しい自由」と名付けられたプログラムにおいても、企業規制が政策の中枢に位置づけられたことである。ウィルソン民主党にとって、反独占は巨大な組織化された力の支配から小経営者を解放し、スモールタウンの熟議と丸太小屋の民主主義を復活させることであった。そして、そのためにはローズヴェルトが言う以上の政府権力の行使も正当化されたのである。

ところで、ウィルソンは元プリンストン大学学長という経歴から、理知的で高潔な人格をイメージさせる政治家である。だが、それと同時に彼は南北戦争後はじめて南部民主党が選出した大統領候補――人種隔離を支持しクー・クラックス・クラン(KKK)の騎士道を信じる南部人であった。そうした大統領候補の登場自体が、再建期以来の人種平等の思潮が大きく後退してしまったことを示すものだった。他方、ローズヴェルトの革新党もその綱領では黒人市民権について何も触れていなかった。革新主義の主流にとって、黒人有権者は依然として非公式のパートナーにすぎなかった。

選挙の結果はウィルソンの圧勝に終わった。潜在的な共和党勢力が保守派と革新派に分裂したことが大きく、ローズヴェルトとタフトの得票の合計はウィルソン民主党のそれを大きく上回った。また、この選挙では重要産業の公営化や社会保障制度、最低賃金法の要求を掲げて戦った社会党デブス候補が約九〇万票(得票率六%)を獲得した。労働者の間にも社会政策への期待が高まりつつあったのである。

さて、ウィルソンの公約に従えば、組織されざる小生産者保護が、当面新政権の政策目標となるはずだった。だが、新大統領は一九一三年の政権発足以来、全米の銀行を政府の監視下に置く連邦準備局（FRB）を創設し、またアメリカ労働総同盟（AFL）と協力関係を築くなど、概ね共和党の政策を引き継ぐ姿勢を示した。ウィルソンは外交面でも定見があるわけではなかった。一九一三年一〇月には、ラテンアメリカ諸国の代表者等を前に「人権、領土保全、そして機会均等は、我々が今直視せねばならぬ問題です……合衆国は今後二度と征服による領土拡張を求めません」と語っておきながら、タフト政権のニカラグア出兵を継続し、その後もメキシコ、ハイチ、ドミニカに軍事干渉を繰り返すことになる。そうした、内政、外交両面での曖昧さがついに払拭されるのは、突然の「外圧」、すなわち、一九一四年八月における第一次大戦の勃発によるところが少なくない。二年半の中立期をへて、一九一七年四月、アメリカははじめての総力戦に参加することになる。これまで見てきた革新主義の政治・経済はどのように戦争政策の形成に関わり、また戦争はアメリカをどう変えていったのだろうか。

第二章　第一次世界大戦とアメリカの変容

イディッシュ語で書かれた戦時の
食糧保存運動のポスター

1 中立期の政治

遠雷

一九一四年夏、欧州に「八月の砲声」が鳴り響いたとき、ウィルソン大統領を含む多くのアメリカ人は、この戦争を大西洋のかなたに仄見える「対岸の戦火」のように感じていた。のちにこの第一次大戦への参戦がアメリカ合衆国という国家とその国民社会を根底から変えていくことを考えると、開戦当初の無関心は不思議ですらある。

むしろ、一九一四年のウィルソン政権にとっては、革新主義時代から引き継いだ国内の「社会的なもの」をめぐる諸闘争への対応がより差し迫った問題であった。なかでも労働紛争の激化、暴力化は極めて深刻であった。統一鉱山労組(UMW)がコロラド州ラドロウの鉱山で前年から組織してきた労働争議は、当初より経営者側からの過酷な暴力にさらされてきたが、一二〇〇人が参加したストライキは一九一四年四月二〇日、最悪の結末を迎えた。この日、ロックフェラー系のコロラド燃料鉄鋼会社が雇った警備員とコロラド州兵がスト参加者の宿営テントに水平射撃を行い、労働者とその家族二〇名(一二名の子供を含む)が殺害された。労働組合と鉱山会社の紛争はその後も続き、ウィルソン政権がコロラドに連邦軍を派遣し、鎮圧するまでに、二年におよぶ争議は七五名とも言われる人命を奪っていた。かかる蛮行は、同年七月に発覚した無政府主義者によるジョン・D・ロックフェラー・ジュニア爆殺未遂の報とともに、公衆を震撼させた。ウィルソン自身の問題関心の有無を越えて、労働問題の改善は政権の秩序維持にとって喫緊の課題となっていった。

そのことは、第一次ウィルソン政権における一連の親労組的政策を説明しよう。民主党が多数を占める議会は、一九一四年一〇月、クレイトン反独占法を定め、従来の独禁法規定から労組を対象外とする画期的な改正を行った。また、労働紛争の現状分析を主務とした大統領産業関係委員会は、ロックフェラー・ジュニア等経営者の責任を厳しく追及し、フランク・ウォルシュ委員長が起草した最終報告書は、労働者の団結権・団体交渉権が経営者の財産権に優越するとの見解を示すに至る。一九一六年秋の大統領選挙が近づくと、さらにウィルソンは組織労働との距離を縮めようとする。投票の二カ月前には、州を越えて製品を販売する製造業での児童労働を禁止したキーティング＝オーウェン法、州際鉄道労働者の八時間労働制を定めたアダムソン法が次々に法制化されている。この流れは、いずれ第一次大戦下の労働動員政策の基盤を成すものとなろう。

『国民の創生』

この時期の国内政治でいまひとつ看過できない動向は、人種関係に関わることだった。南部民主党を基盤とするウィルソン政権の誕生は、多くの人種隔離論者をワシントンDCの政治の中枢に呼び寄せることになった。その結果、ウィルソンの娘婿マッカドゥーが長官に任じられた財務省などでは、一九一四年に人種別のトイレ施設を導入するなど連邦職員に対するジム・クロウが強いられた。同年一一月、黒人の市民権活動家W・トロッターがホワイトハウスを訪問し、直接大統領にジム・クロウの首都への蔓延を抗議している。ウィルソンは激高しトロッターに退席を求めたが、この出来事は主要な新聞各紙に大きく報道された。

トロッターは翌年二月に始まる映画『国民の創生』上映反対運動でも指導的役割を果たした。D・W・グリフィス監督作のこの映画は、南北戦争によるアメリカ白人社会の分裂を嘆き、戦後のKKKの反黒人運動を英雄視する内容だった。トロッターらは彼が拠点とするボストン等各地で、NAACPと共に上映中止を訴える活動を組織していた。結局、『国民の創生』の人気は反対運動を凌駕し、一〇〇〇万ドルの興行収入を出す空前の成功を収めた。そして、この映画の流行は人種間の憎悪を煽り、白人の暴力を正当化する効果をもった。実際に、一九一六年五月にはテキサス州ウェーコでKKKを支持する白人群衆が一七歳の黒人少年を生きながら焼き殺すというリンチ事件が起こっている。他方ウィルソン大統領は原作者のトーマス・ディクソンと旧知の間柄で、その申し出を受けて、ホワイトハウスでの特別上映会を実現していた。かつて、南部のジム・クロウや黒人からの投票権剝奪は、地方「自治」――すなわち南部州権論の立場から正当化されてきた。それゆえ、現地の黒人やアジア人からすると連邦と北部社会による「地方の悪弊」への介入こそが一縷《いちる》の望みであった。だが、今や連邦行政は「改革のための人種分離」という南部の論理を我がものとし、ボストンやニューヨークの大衆はKKKをアメリカ国民創生の立役者と見るようになっていた。二〇世紀の「社会的な平等」どころか、新しい人種主義がにわかに全国化する勢いであった。

中米・カリブ海問題

次に対外政策に目を転じよう。第一次大戦勃発前後の時期のアメリカ外交は、やはりヨーロッパの国際紛争へのコミットメントに消極的だった。「その起源が我々と全く関係のない戦争」――ウィルソン大統領は一四年末になってなおそのように世界大戦を形容していた。だが、それは孤立主義への回帰を意味するのではなかった。そもそも、アメリカはすでに中米と東アジアという二つの地域では熾烈な権力政治を展開してもいた。前者において特に深刻だったのは、メキシコとの国際紛争であった。一九世紀後半以来、独裁政権を築いてきたディアス大統領のメキシコはローズヴェルト＝ルートの対中米政策のジュニアパートナーであり、ニカラグア問題などにも大きな影響力をもってきた。だがそのメキシコに民主化革命が起こり、ディアスも一九一一年五月に政権の座を追われた。その後、自由主義者のマデロが大統領に就任するが、一三年には軍部のクーデタが成功し、反革命のウェルタ将軍が権力を掌握した。

当初、アメリカ外交担当者にはこの政治反動を歓迎する向きもあった。メキシコ革命が、国内の富の四割強を保有する米系資本を主たる攻撃対象としていたからである。しかし、新大統領ウィルソンは、ウェルタの軍事独裁体制に批判的であった。後に詳述するように、ウィルソンは国際関係の道徳的な側面を強調し、しばしば相手国が民主政体であることを要求した。そしてこの場合、ウェルタ政権承認の条件は、公正な選挙の実施に設定された。だが、独裁に向かう同政府はこれを満たすことができない。ウィルソンは、一九一四年四月二一日、アメリカ海兵隊をメキシコ中部の軍港ベラクルスに派遣し同地を占領させた。それはコロラドでラドロウの虐殺が行われた翌日の出来事だった。

この暴力的な内政干渉は一一月まで続き、その間ウェルタは失脚、リベラル派のカランサの政府が成立した。だが、アメリカの強引な振る舞いはメキシコ民衆の間に反米ナショナリズムの覚醒をうながした。以後、米墨関係を正常化することは困難を極め、アメリカは、南米の〝ABC〟列強（アルゼンチン、ブラジル、チリ）の支援に期待せざるを得なかった。だが、そのことは、二〇世紀アメリカの国策＝中米カリブ海の独占的な勢力圏構想に微妙な影響を与えることになるだろう。

実際この時期は、アメリカの島嶼帝国にとって重要な転機であった。ドイツ軍によるベルギー侵攻直後の一九一四年八月一五日、中米ではパナマ運河が完成し、最初の船舶が大西洋から太平洋へと通過した。パナマ運河の開通は、一九〇七年にはじまるハワイ・オアフ島(真珠湾)の軍事要塞化と相まって、アラスカ—ハワイ—パナマ—カリブ海を基本的な防衛ラインとする恒常的な帝国領域を浮かび上がらせていった。それは米西戦争でスペインから受け継いだ茫漠と広がる植民地帝国を若干縮小・再編する現実主義でもあった。アメリカは一九一六年のジョーンズ法で、フィリピンに対しては将来の独立を公約し、公選の上下両院を設置するなどその自治権を拡大する方針を取ることになる。

他方、中米カリブ海においては、アメリカの軍事的支配はドラスティックに強化されていった。上記のメキシコへの軍事介入もその現れであったが、ウィルソン政権は一五年七月にはハイチに海兵隊を上陸させ、これを保護国化した。第一次大戦の勃発後、ヨーロッパとの交易が途絶し、経済破綻をきたしたハイチ政府に対してアメリカは財政顧問を送り込むとともに、沿岸警備隊を創設して現地の警察権を掌握したのであった。また、ウィルソンは政情不安に苦しむドミニカ共和国にも、さらに厳しい内政干渉を行った。一六年五月にドミニカの首都を占領した海兵隊は、現地親米勢力の不在から、米軍による直轄統治を敷くことになった。ハイチ、ドミニカへの米軍の駐留は第一次大戦後も長く続くことになる。

対華二一カ条要求問題

東アジアでは、第一次大戦にともなう西欧列強の後退が、日米関係のバランスをも流動化させていた。八月二三日に連合国側での参戦に踏み切った日本は、一一月、ドイツが領有した山東省・青島を電撃的に攻略、これを足掛かりに中国政府に対して様々な領土的、経済的権益を求めるようになった。翌一五年一月、二一カ条にまとめられた日本の対華要求は、アメリカの強い警戒心を惹起した。もっとも、日本の攻勢に対するアメリカの対応には、歴史的に形成された微妙な多層性があった。三月、ブライアン国務長官が日本政府に手交した覚書は、二一カ条要求の第五号(内政干渉条項)を非難するも、日本が主張する山東半島の領有と南満州および東部内モンゴルの特殊権益を概ね承認するものだった。アメリカの東アジア政策は、すでにタフト政権期のドル外交のもとで、日本の中国市場独占と満州での排他的な経済開発を抑制しようとする方向に向かっていた。だが、同時に当地での勢力均衡政治において、日本を提携者として重視するローズヴェルト＝ルート外交以来の戦略が消えたわけでもなかった。そのことからくる日本に対する妥協性がこの第一回国務長官覚書には看取できる。

だが、新大統領ウィルソンには、右の歴代共和党外交の残滓とは次元の異なる、道徳的な性格があった。それは、後にウィルソン主義あるいは「新外交」と呼ばれる理想主義で、自由や民主主義といった普遍的な価値のもとに多国間の協調を促すものだった。この勢力均衡に対するオルタナティヴは、東アジア政策の文脈では一九一一年の辛亥革命によって誕生した新生中国の民主化と共和政維持を支援する立場として現れよう。一九一五年五月一一日に手交された二回目の国務長官覚書は、日本の対華二一カ条をその経済的な要求についても全否定する内容となった。ここに、アメリカ外交におけるウィルソン主義の台頭を確認することができる。

しかし、これまでの叙述でも明らかなように、このようなウィルソン外交の普遍主義は中米・カリブ海の「勢力圏」政策にはほとんど当てはまらない。カリブ海、パナマ運河、ハワイを結ぶ防衛ライン内の帝国主義と、その外部に広がる世界とアメリカとの関係を規定する普遍主義の併存、ないし二重性の問題はその後も長くアメリカ外交の根本的な矛盾を形づくっていく。だが、ここで重要なのは、「ヨーロッパの戦争」と距離を取り続けていたアメリカが、中米と東アジアという性格の異なる二つの地域政治に関与するなかで、いわば間接的に第一次大戦の影響下に引き込まれていった事実である。またその過程で、ウィルソン主義という「帝国」外の世界政治への対応を可能にする外交スキームが練り上げられていったことである。とはいえ、一九一五年の段階でアメリカにはまだ、世界大戦の「当事者」となる覚悟はない。それでは、アメリカの参戦はいつどのような経緯から決されたというのだろうか。教科書的な知識では同年五月のルシタニア号事件に言及されることが多い。この俗説に若干の考察を加えることで、参戦にいたる具体的な行程を明らかにしたい。

ルシタニア号事件

一九一五年五月七日、アイルランド南部の沖合を航行中だった英船籍の客船ルシタニアが、ドイツ海軍の無制限潜水艦攻撃で撃沈され、一二八名のアメリカ人を含む多くの乗客が犠牲になった。アメリカの各種メディアは、激しく反ドイツの愛国主義を煽りたてた。ウィルソン大統領もまたドイツ政府を厳しく叱責し、同様の事案の再発防止を求める覚書を送付した。この事件はたしかに、一般のアメリカ人をして欧州戦争の災禍を現実のものと実感させるものであった。だが、通常言われるように、ルシタニア号事件が喚起したドイツへの復讐心とおよそ二年後のアメリカ参戦を直接的に結びつけることができるだろうか。

まず、この時点でウィルソンの政府は総体として対独宣戦を望んでいなかった。閣内の外交責任者であるブライアン国務長官は、六月、大統領のドイツ政府への抗議が偏りのあるものだとして、その職を辞している。イギリスの海上封鎖が引き起こしたドイツの食糧難という非人道的行為を放置して、ドイツの潜水艦攻撃だけを非難するのは公平性に欠けるというのである。

もっとも、ルシタニア号事件の二日後に中国の袁世凱政府が二一カ条要求を受諾し、さらにその二日後に先にふれたウィルソン主導の第二回覚書が手交されるという、同時期の東アジア外交の展開を勘案すると、ブライアンの辞任は純粋に対ドイツ問題だけによるものではなかったかもしれない。ともあれ、当のウィルソン自身が「〔アメリカは〕高貴すぎるがゆえに戦わない」と語り、七月頃には紛争は鎮静化した。

戦備運動

ただし、一連の経緯の中でアメリカ国内に一部好戦的な政治運動が生まれていたのも事実である。T・ローズヴェルトとL・ウッド等が組織した「戦備(preparedness)」運動は、ドイツの二〇分の一と言われた米兵力の危機的現状を訴え、各地で愛国的なデモンストレーションを繰り広げた。二年前に革新党を率いて福祉国家のプロトタイプとも言える社会政策を世に問うたローズヴェルト一派は、この時期、権威主義的な軍国ナショナリズムの主張に逢着している。彼らは軍備の拡張に加えて、義務兵役制の導入を求め、軍事奉仕にもとづく国民形成を強く主張した。

こうした戦備運動が前提とする国際関係観は、第一期ローズヴェルト政権期に遡る中米カリブ海でのドイツとの角逐にあった。ウィルソン政権が国際法上の中立国の権利として、イギリスの海上封鎖に反対し対独交易を維持していたのとは対照的に、戦備派は明確に反ドイツ的だった。たしかに、歴史的なドイツとの国益対立から現下の世界戦争を理解しようとするこの立場を裏付ける事例もあった。例えば、一九一五年三月には、プエルトリコのサンジュアン港において、プエルトリコ警備隊がドイツの商船オーデンヴァルト号に発砲する事件が起こっていた。無許可の出港を制止する目的で行われた威嚇射撃だったというが、結局同船は拿捕《だほ》、徴用されてしまう。そして、後にこの船が、大西洋に展開する潜水艦への物資補給に従事していたことが明らかになった。この事件のわずか二カ月後に、ルシタニア号事件が起こったことはすでに見た通りである。無辜《むこ》の米国人の命を奪ったドイツの潜水艦戦は、中米のアメリカ「勢力圏」にとっての脅威でもあった。そしてなお興味深いのは、一九一五年春という非常に早い時期に、カリブ海の植民地軍によって小規模とはいえ対ドイツの戦闘行為が行われていた——すなわち、本土のアメリカ人に先駆けて世界大戦の現実に触れていたことだった。このように、戦備運動はアメリカが感知しはじめていた戦争のリアリズムを鋭く反映した政治運動であった。

コスモポリタンな反戦論

間近に迫った暴力の予感は、革新主義における国際派にまた違ったリアリズムを喚起していた。コスモポリタンな国際主義を唱えるJ・アダムズと女性参政権運動グループは、欧州戦争の激化、長期化に危機感を深め、一九一五年一月に女性平和党を創設した。同党は、「建設的な平和のためのプログラム」を発表し、軍縮と自決主義、「「勢力均衡」ではなく「諸国民の協調」のための連合形成」などの政策を世に問うた。この運動がイギリス労働党系知識人の反帝国主義＝反戦論の影響を受けたものであることは明らかで、女性平和党の政策はラムゼイ・マクドナルド等が一九一四年一一月、ロンドンに立ち上げた民主的統制連合（UDC）の綱領と多くの点で共通していた。この国際的な外交民主化潮流に乗って、女性平和党は一五年四月には、オランダ・ハーグでの国際女性会議を主導する。同会議は、即時停戦と国際紛争の調停機構設立を決議するとともに、恒常的な平和団体、「恒久平和のための国際女性委員会」を旗揚げしたのであった。さらに、セツルメント・グループは翌一六年一月、アメリカ反軍国主義連盟（AUAM）をつくり、国際的な反戦平和運動と国内の反戦備運動を結びつける活動を展開した。

戦争のアフリカ起源

このような反帝国主義、反植民地主義からの戦争批判は、革新主義左派や社会主義者の間に広く見られたものであったが、なかでも最も重要なものは黒人指導者W・E・B・デュボイスが提起した議論であった。一九一五年五月、デュボイスは「戦争のアフリカ起源」と題する論文をオピニオン誌『アトランティック・マンスリー』に発表している。「今、目の当たりにしている醜悪な文明の倒壊はアフリカに起因する」、そして「この暗黒大陸に隠された〔戦争の〕根源は、現下の紛争だけでなく、将来の戦争の脅威でもある」――そう書き起こす同論文は、グローバルな帝国主義競争に大戦の原因を位置づけ、そのことと各地域にはびこる人種主義の密接な関係を看破するものだった。デュボイスは言う。今ドイツ軍に蹂躙《じゅうりん》されているベルギーを含む、ヨーロッパによる歴史的なアフリカ搾取と奴隷制ゆえに、「「有色」が世界の思想の中で劣等であることと同義に……なってしまった」。したがって、「黒人を、あらゆる人種、民族から成る世界民主主義の、自由で平等な市民として扱わなければ、世界から戦争を根絶することはできないのだ」と。デュボイス論文は、必ずしも非戦を道徳的に主張するものではなかったが、戦備＝軍国主義派が掲げる帝国の大義を鋭く批判する力を持った。

大衆の嫌戦

いずれにせよ、アメリカ社会にはルシタニア号事件の混乱を経てなお、それなりに分厚い戦争批判と嫌戦感情が存在していた。例えば一九一五年、「息子を兵士に育てたわけじゃない」という反戦歌が空前の大ヒットとなった。「誰が他の母親の可愛い息子を殺させるために、うちの息子に銃を背負わせたの……銃と剣を捨てる時が来た……世界中の母親がこう叫べば、戦争はなくなるでしょう。「息子を兵士に育てたわけじゃない」と」。こう歌い上げる楽曲は総楽譜売り上げ六五万部に達し、一九一五年七月の時点でなおトップ二〇にランキングされていた。後述するように、翌年の大統領選挙では、二期目の当選を狙うウィルソン大統領は「彼がアメリカを戦争から遠ざけてきた」のキャッチフレーズで戦わざるを得なかった。

このように見てくると、ドイツへの復讐を求める国民感情に押されてアメリカが参戦したという語りはほとんど成立し得ない。この俗説は後述するとおり、参戦後の国内プロパガンダによって事後的に書き換えられた集合的記憶の一つであった。それでは、アメリカはなぜ一九一七年四月になって参戦に踏み切ったのか。ウィルソン大統領を中心とする国内外の権力政治の展開を今少し注視しなくてはならない。

2　参戦への道程

ウィルソンの葛藤

一九一五―一六年を通じて、ウィルソンの対ヨーロッパ外交の基本は、戦争の当事者になることなく、私心なき第三者として講和を主導しようとするものだった。腹心のハウス大佐を特使とするウィルソンの側近外交は一九一五年春から種々の和平工作を試みていたが、翌一六年春には再度ハウスが交戦各国を訪れ、国際平和組織の創設を含めた具体的な講和会議を提案している。その一方でウィルソン政権は、モルガン系の銀行を通じて交戦国に資金を供与し、また武器輸出も禁じていなかった。その結果、特に英仏の連合国に対して二〇億ドルという多額の債権を保有するに至ったのであり、アメリカは経済的には欧州戦争の混沌に足をとられつつあったといってよい。

国内の戦備問題はさらに複雑であった。参戦を避けたいウィルソンは、当初ローズヴェルトの軍国主義運動を強く警戒していた。なかでも徴兵制につながりかねない義務兵役論を問題視し、閣内の推進派であったギャリソン陸軍長官を辞任させ、革新主義左派で平和主義者として知られたニュートン・ベイカーを後任としている。それにもかかわらず、戦争の長期化ゆえにウィルソンは次第に軍備増強論に傾斜し、一九一六年六月には、アメリカ反軍国主義連盟の激しい批判を越えて、国防法の抜本的な改正を断行した。同法には、①連邦正規軍を現行の二倍、一七万五〇〇〇人に、州兵を四五万人にまで拡張すること、②有事における州兵の指揮権を大統領が持つこと、③戦争計画の立案を職掌とする国防会議を創設すること等が盛り込まれた。また、ウィルソンは、その一週間前の五月二七日、E・ルートが主宰する外交シンクタンク、平和実施連盟で、国際連盟構想の原型となる講和案をはじめて公にしている。参戦の国家意思も定まらぬまま、ウィルソンのイニシアティヴのもと、急速に物質と理念両面での戦争準備が進められていった。

ラテンアメリカ問題と国際連盟構想

ここで重要なのは、ラテンアメリカ国際政治の中に現れた新しい動向であろう。それは中米・カリブ海の「アメリカ勢力圏」を抱き込む形で構想された西半球というより広域の国際秩序だった。ウィルソンは一九一五年末の第三回年次教書で「パン・アメリカ主義……それは帝国の精神ではない。それは法と独立、自由と相互奉仕の精神である」と述べ、翌一六年一月にはラテンアメリカ諸国との相互的な集団安全保障協定案を公にする(パン・アメリカ協定)。この背景には、外国勢力からの自立を目指すメキシコ・カランサ政権との関係を修復できないアメリカの焦りがあった。ウィルソン大統領は、米墨両国とアルゼンチン、ブラジル、チリを加えた多国間交渉に中米政治の安定化への望みをつなごうとした。そして、この新秩序形成のためにこそ、地政学的な支配の論理とは異なる、「新外交」の理念を前面に押し出したのだった。しかし、この国際交渉はまもなく暗礁に乗り上げてしまう。

その最大の原因は、米墨間の武力衝突であった。一九一六年三月、貧農出身の反米ナショナリスト、パンチョ・ビジャの勢力がアメリカ領内に侵入、ニューメキシコ州の軍事施設を焼き払い一〇人のアメリカ人を殺害した。ウィルソンはすぐさま報復のためにメキシコに一万人を派兵したが、紛争はまもなく泥沼化していく。一カ月のうちにジョン・パーシング率いる米軍討伐隊は、ビジャを捕らえられぬまま、メキシコ領内に五〇〇キロ以上侵攻しており、ついにはカランサの正規軍との間にまで戦闘が始まってしまう。

こうした展開のなかで、一九一六年五月、チリはパン・アメリカ協定への加入見送りを通達する。当時チリは自国が実効支配するタクナ・アリカ地域の領有をめぐり、ペルーとの間に紛争を抱えていた。協定への参加は、すでに戦争状態にある米墨間の火中の栗を拾うことになるばかりか、現状維持が望まれる自国の国境問題に他国の介入を許すことになりかねなかった。ここに西半球の集団安全保障構想は空中分解し、アメリカの中米政策は壁にぶち当たる。

興味深いのはまさにこのタイミングで、先にふれたウィルソン大統領の平和実施連盟での演説がなされたことである。それは戦争防止のための「諸国民の普遍的なアソシエーション」を論じたもので、イギリスの民主的統制連合やアダムズの女性平和党による「諸国民の協調」論の影響も看取される。だが、この国際連盟構想のプロトタイプは、単に「新外交」の理想を語ったものではなく、その背景には中米・カリブ海における権力政治があった。ウィルソンは、アメリカ島嶼帝国の「勢力圏」を確保するために、西半球全体に二〇世紀のモンロー・ドクトリンを再編しようとしたが、それが不調におわると、ラテンアメリカを含む全世界に「新外交」の論理を展開したのだった。そして、そのことは、本来「無関係」なはずの対岸の戦火(＝ヨーロッパの戦争)にアメリカ帝国の原理が積極的に関わっていくことを意味した。

一九一六年選挙

国内では、このような、きな臭い状況のなかで一九一六年の大統領選挙が行われた。現職の民主党ウィルソン大統領に対抗したのは、共和党候補のチャールズ・E・ヒューズだった。E・ルートが差配した七月の共和党大会は、前回選挙の反省の上に党内保守派と革新派の再統合が図られ、最も党派性の希薄なヒューズ最高裁判事を候補指名した。この党大会には、復党したローズヴェルトも出席し、「戦備と兵役の義務」を公約するヒューズを公式に支持した。

これに対して、民主党ウィルソンは参戦問題をあえて争点とせず、「彼〔ウィルソン〕がアメリカを戦争から遠ざけてきた」という巧妙なキャッチ・コピーで反戦派の間にも支持を広げた。むしろこの選挙戦でウィルソンが力をいれたのは、本章冒頭で見た労働対策であった。投票直前に複数の労働法を作るなどして築かれた組織労働との政治提携は、その後の民主党政権による戦時体制や福祉国家形成を考えると、歴史的な意味を持つものだった。翌一七年に初の国防会議が組織されたとき、AFL会長のサミュエル・ゴンパーズは七人の諮問委員の一人になった。全国労組は戦時コーポラティズムの一角を占め、総力戦への国民動員の推進者となるであろう。一一月の選挙結果は、一般投票で九一二万票を獲得したウィルソンが僅差で勝利を収めるものとなった。

この一六年選挙では今一つ歴史的な出来事があった。モンタナ州選出のジャネット・ランキンが女性初の連邦下院議員に当選したのである。すでに見たように、アメリカの投票権は伝統的に州権の管轄下にあった。それゆえ、黒人投票が地域によって大きな隔たりがあったように、女性の参政権の確立時期も一様ではなかった。早くから西部諸州は女性の政治参加に積極的で、一六年選挙までにモンタナ州を含む一一州がこれを認めていたのである。唯一の女性議員としてランキンは一九二〇年における憲法修正第一九条(投票権における合衆国および各州の性差別禁止)の実現に多大な貢献をすることになる。

「勝利なき平和」

大統領に再選されたウィルソンは、ほどなく不戦の「公約」を忘れたかのように参戦へと舵を切っていく。一九一七年一月二二日、彼が上院で行った「勝利なき平和」演説は、アメリカと第一次大戦の歴史において大きな転機となった。この演説は、大戦後の講和にあたっての無併合・無賠償の原則を説いたものとして有名だが、より重要なのは次の「新外交」宣言にあたる箇所だろう。「もしこの戦争が新しい勢力均衡のための戦いなら、誰が新しい秩序の安定を保障するのか?……勢力均衡ではなく力の共同体が求められるのであり、組織された競合関係ではなく、組織された共通平和が求められている」。またこの演説では、「国の大小強弱の別なく……諸国間の平等のうえに平和が築かれねばならない」と小国の尊厳についても言及された。

こうした議論は平和実施連盟でのウィルソン演説を発展させたもので、おそらくヨーロッパにおける反帝国主義の平和言説に由来する主張であった。それゆえ、かつてアーノ・メイヤーが論じたように、こうした民主的な「戦争目的」の構築――あるいは反戦派からの民主外交論の簒奪――は、厭戦気分の蔓延した英仏の社会主義勢力を戦線にとどまらせ、後にはボリシェヴィキの平和攻勢に対抗する意味があっただろう。

同様の効果は国内政治についても当てはまる。「勝利なき平和」演説の直後から、広範な革新主義者が堰を切ったように参戦支持に転じていった。例えば、かつてローズヴェルト革新党の支援者だった『ニューリパブリック』誌の論客もこぞってこの演説を称賛した。特にリップマンは戦争政策の中に社会改革の好機を見出し、ウィルソン大統領に急接近していった。その他にも哲学者のジョン・デューイやシカゴの反貧困活動家R・ハンターのような、革新主義左派ないしは社会主義者と目される知識人たちも次々とウィルソンの戦争目的に賛同していった。デューイは翌年「戦争の社会的可能性」という論文の中でこう書いている。「戦争には……あらゆる分野の科学的専門家の集合的学知と技術を活用し、コミュニティの目的のために組織する習性がある」。そして、戦争動員は「私的かつ所有者的利害を、公的で社会的な利益の至高性に従属させるだろう」と。

しかし、「勝利なき平和」の立論は、必ずしもリップマンやデューイが解釈したようにコスモポリタンの理想を語るものばかりではなかった。この演説の中でウィルソンは、アメリカ独立宣言を引いて、「政府の公正な統治権力は、あまねく被治者の合意に由来するという原則……を承認しないような平和は長続きしえない」と述べ、世界の民主化こそが戦争の究極の目標だとした。それは敢えて一八世紀啓蒙思想のレトリックを用いて、現下の世界戦争の原因たる近代ヨーロッパ公法の権力政治を批判するものであった。またウィルソンは、かかる民主世界の形成は、「諸国民がともにモンロー大統領の原則を世界の信条として受け入れること」であり、それは「アメリカの原則である」とも述べた。つまり、「戦争の大義」は欧州主権国家秩序の外部に発展したアメリカン・システムを、ヨーロッパを含む地球規模に拡大することだというのだ。協調的平和と各国の国内改革、そして「アメリカ的なるもの」を不可分の総体として見せるレトリックは、ウィルソンの戦争政策の枢要を占めるものであった。

3　総力戦と市民社会

参戦へ

だが当のアメリカン・システムは、米西戦争と「ローズヴェルト系論」を経て変質し、帝国主義とパン・アメリカニズムとの間で引き裂かれたままだった。やはり、ウィルソンの世界戦略の急所は中米・カリブ海にあった。その意味で一九一七年二月、ドイツが無制限潜水艦攻撃を再開し、また、そのドイツによるメキシコとの軍事同盟の画策が発覚したことは、アメリカの参戦を最終的に決するに十分であった。二月末、ドイツ外相ツィンメルマン発の駐墨ドイツ大使宛て暗号電報が解読のうえ公開された。それは次のような内容の電文であった。もし、米独間に戦端が開かれた場合には、「メキシコに対して次のような条件で同盟を提案する。ともに戦い、ともに講和しよう。そしてメキシコがその失われた国土――テキサス、ニューメキシコ、アリゾナを回復するのをドイツとして支援する」と。

また翌三月、ロシアで革命が勃発し、ロマノフ朝が倒れたことも無視できない。アメリカが連合国側に立って参戦した場合、民主主義の戦争を唱えながら、ツァーリの専制権力と同盟するという矛盾がついに取り除かれた。三月二〇日、ウィルソン大統領は参戦を閣議決定し、次いで四月二日に議会でこう語った。「我々の〔戦争の〕目的は、世界の暮らしの中で、利己的で専制的な権力に反対し、平和と正義の原則を確立すること、そして、今後この原則を守り、保証するために、自治を行う真に自由な諸国民の間に、目的と行動の協調関係を樹立することです。……世界は民主主義のために安全にされねばならないのです」と。四月六日、アメリカはドイツに対して宣戦を布告した。列強間の軍事同盟を嫌うウィルソンは、連合国に加わることを拒み、あくまで戦争協力国としての参戦であった。

参戦は、二〇世紀のアメリカが自ら再定義した帝国のモンロー・ドクトリンを守るために、オリジナルのモンロー・ドクトリンの禁を破って、ヨーロッパと世界政治に深くコミットし始めた瞬間であった。議会は即座に参戦支持の決議を採択したが、上院で六票、下院で五〇票の反対票があった。この反戦議員の中には、直前の選挙で女性初の連邦議員となったJ・ランキンやR・ラフォレットら中西部の共和党革新派が名を連ねた。だが、間もなく彼らの反戦論はウィルソン政権の国内プロパガンダが創出した戦時ナショナリズムの声に掻き消されていく。

戦争動員

一年半に及ぶ参戦期に、アメリカ政府は前例のない国民動員を敢行した。史上初の全国的な徴兵制が導入され、鉄道や鉱山などの重要産業は国家の管理下に置かれた。また、政府は戦時防諜法を成立させ反戦の声を封じるとともに、司法省と陸軍省の国内諜報を拡充して思想監視の体制を形成した。その一方で戦時政府は、民間の女性団体やエスニック集団が食糧保存や戦争公債運動に、「自発的に」参加する仕組みを模索した。「民主主義のための戦争」は、少なくとも形式的には、広く公衆の合意のもとに遂行されねばならなかった。

この総力戦体制の中核を成したのは、ベイカー陸軍長官をはじめとする主要閣僚と産業界・

労働界の民間指導者からなる国防会議なる準国家機関であった。民間諮問委員には、ボルティモア・オハイオ鉄道社長のダニエル・ウィラードやAFL会長S・ゴンパーズ、そしてウォール街の大投資家バーナード・バルークらが名を連ねていた。国防会議はいわば中央政府と産業界・労働界が結びついた萌芽的なコーポラティズムを体現していた。また、この官民共同体は無数の業界や地域に下部組織を持ち、具体的な動員政策の立案や各種ボランティアによる愛国活動を推し進めた。さらに、この組織機構の中から、戦時生産の計画化をすすめた戦時産業局（WIB、バルーク局長）や鉄道の国家管理を担った戦時鉄道庁、軍需産業の労使関係の調停を行った戦時労働委員会（NWLB）などが誕生した。そして、これらの戦時機関では、戦争管理者と呼ばれた若い行政官僚や専門家による、効率の最大化を目指すマネジメントが強力に推し進められた。

戦時労働政策

注目すべきはゴンパーズ率いる全国労組AFLがこの集産主義の一翼を担ったことである。元来、ゴンパーズが唱えてきた「産業の立憲主義」は、政府介入に否定的な思想であった。しかし、第一次大戦下にAFLの指導層は、戦時国家の権威を背景として全国労組が結ぶ労働協約に正統性を確保する道を選んだのである。こうした方針の背景には、戦時下の労働力不足ゆえに労働者の交渉力が拡大し、そのことがかつてない規模で労働争議を頻発させていたことがある。労働省労働統計局の資料によると、一九一七年の一年間に発生した争議は四四五〇件で、その数は一八八一年から一九三七年の間で最多である。爆発的な争議拡大は一九一七年秋までに戦時生産の脅威となり、産業の平和と安定のために統一的な労働政策の形成を望む声が政府内外から高まった。その後、国防会議と製造業者団体、AFL等の間で約半年にわたり激論が交わされ、一九一八年三月末、連邦政府によって戦時労働政策の「統一原則」が採択された。

まず「統一原則」は、労働政策の一つの前提として、「戦争中、いかなるストライキ、ロックアウトもあってはならない」と争議権を放棄させるものだった。だが、同時に労働者の団結権・団体交渉権については、全般的に擁護する立場がとられた。各事業所の団体交渉のあり方については、オープンショップ制を含めて現状維持を認めていたが、そのことは「労働者が労働組合を結成し、労働組合に加入する権利を……否定もしくは妨害するものではない」と明確に記されたのである。こうした考え方は、単に労働組合が要求を貫徹したというだけではなかった。同時期に大統領から委託され労働関係の実態調査を行っていたハーヴァード大学のフェリックス・フランクファーターも、労働者を個人として扱うのではなく、彼らの組織を政府が承認することが「産業公正の調整にとって不可欠だ」と答申していた。フランクファーターはテイラー協会左派の開明的経営者とも近い『ニューリパブリック』系リベラルであり、その主張の根底には「社会効率」の観点からこそ労使の組織的均衡を求める論理が存在した。

さらに政府は「統一原則」を戦争政策の中に確立するために、一八年四月八日、緊急大統領声明のかたちで戦時労働委員会を創設した。一九一四年創設の産業関係委員会のF・ウォルシュが労働側共同委員長、タフト前大統領が経営側共同委員長となり、両者の協議を軸に運営が進められた。戦時労働委員会は、「効率的な戦争遂行にとって必要な生産部門」から計一二五一件の提訴を受け、うち四九〇件に裁定・決定を下すなど文字どおり「戦時産業の最高裁」として君臨した。裁定は一一〇〇以上の事業所、七一万人以上の労働者に直接影響を及ぼし、一三八件のストが回避されたという。

戦時労働委員会の活動で特筆すべきことは、未組織の産業では職場委員会という労働者の自治組織を新設し、団体交渉の当事者とさせたことである。この職場委員の選挙では、既存のAFL労組に加入できなかった女性労働者や不熟練の移民労働者(帰化一次書類提出が条件)も投票することができた。実際には、戦時労働委員会が設置した一二五の職場委員会の多くは、ネイティヴの男性熟練工が支配したが、工場の全従業員を網羅するこの組織方式はのちの産業別組合の萌芽とも見える。もっとも、戦時労働委員会には、ほとんど南部の産業に介入できず、それゆえ人種差別的な二重賃金制度を存続させたという限界があった。だがその一方で、右の例が示すとおり南・東欧系移民や女性労働者の社会的包摂に大きく寄与したのであった。

戦時広報

個別の動員政策を見たとき、最も早く本格的に整備されたのは国内プロパガンダの分野であった。それは中立期以来、アメリカ民衆の中に潜在的な反戦感情が燻り続けていたことを考えると当然のことだった。また、ようやく参戦を決意したウィルソン政権にとって総力戦を遂行する以上、これまで非民主的だと反対してきた徴兵制を導入せざるを得ず、この矛盾を糊塗するためにも国内情宣は最重要の課題であった。

早くも参戦の一週間後の四月一四日、戦時の「健全な世論」形成を担う戦時広報委員会(CPI)が大統領行政命令のかたちで設置された。事業全体を統括する委員長には民間のジャーナリスト、ジョージ・クリールが就いた。クリールは戦備運動を支持したローズヴェルト派の革新主義者であったが、ウィルソンの選任を受け、「世論が国防の重要な一部であることを認識し……国内の忠誠と統一」のために尽力すると誓った。

CPIに課せられた最大の任務は、人々に戦争目的を周知、解説することだった。例えば第一号パンフレット、『いかに戦争がアメリカに到来したか』は次のように参戦の経緯を語っている。アメリカは大戦の勃発後も中立を保ち、「新世界の諸共和国への責任を果たしつつ」、ヨーロッパの紛争の調停者となろうとした。だが、ドイツは潜水艦攻撃でルシタニア号を撃沈し、

「我々の中立国としての権利を侵害した……ばかりか、人道の根本概念に背馳してみせた」。また、ドイツの謀略は「キューバ、ハイチ、サントドミンゴで反乱を煽動する」など、「モンロー・ドクトリンに対する攻撃を行い……アメリカの中立政策を脅かしてきた」と。さらに続けて、同パンフレットは、「勝利なき平和」演説の抜粋――「政府の公正な統治権力は、あまねく被治者の合意に由来するという原則……を承認しないような平和は長続きしえない……私は、諸国民がともにモンロー大統領の原則を世界の信条として受け入れることを提案する」――を収録し、理念の戦争を強調する。そして、最後に、ツィンメルマン電報事件とドイツの潜水艦攻撃再開に言及し、アメリカの参戦が不可避となった事情を明らかにした。

ここに示された戦争目的は、参戦直後のアメリカ政府の公式見解と見て間違いない。モンロー・ドクトリンの伝統と将来の平和構築を結びつけるレトリックや、ドイツの専制とアメリカが依って立つ「被治者の合意」を二項対置する論法は、CPIが製造する様々な媒体に登場する定番のモチーフとなった。また、ここで世論を誘導する感情のフックとしてルシタニア号事件がフィーチャーされたことも指摘してよい。すでに見たように、二年以上前に起こったルシタニア号事件は、アメリカ参戦の直接的な原因とはいいがたかった。しかし、戦時下の国内宣伝によって、この二つの出来事はアメリカ人の集合的な記憶の中で分かちがたく結びつけられた。『いかに戦争がアメリカに到来したか』は、総部数五四三万という凄まじい数が印刷され全米の津々浦々に配布されたのであった。その後、休戦までの一年半、CPIは膨大な情報を国民社会に向けて発信し続ける。新聞各紙へのプレスリリースは六〇〇〇回を超え、総計七五〇〇万部のパンフレットと無数のポスターを発行した。また、CPIは大規模な演説運動や映画制作をも手掛けて、巨大な戦争プロパガンダを形成したのであった。

市民的自由の抑圧

こうした政府広報という、統治権力が主体となった民意形成の試みは、すでにそれ自体、本来の「市民の領域」を浸食するものであった。だがウィルソンの政府は、さらに一連のスパイ対策法を用いて、政府と対立する市民の表現の自由を制限した。一九一七年六月に成立した戦時防諜法は、「虚偽の情報や声明によって……軍隊内に不服従、不忠誠、反乱を惹起したり……意図的に徴兵を妨害したものには、二〇年以下の懲役」を科すとし、郵政長官に同法に触れる新聞・雑誌の流通を規制する検閲権限を与えた。また、翌一八年五月の戦時騒擾《そうじょう》法では、これに加えて、「政府の形態や国旗、軍服に対する……不忠誠や悪罵の言葉」までが処罰の対象となった。しかし、当初からこうした条文は、憲法が保障する市民的自由(表現の自由)に反するのではないかと危惧されていた。なぜなら合衆国憲法修正第一条には「議会は……言論と出版の自由、ならびに、平和的に集会する国民の権利……を制限する法を制定してはならない」とあるからである。

この問題が大きく注目を集めることになったのは、一九一八年六月、アメリカ社会党党首のE・デブスが戦争批判の演説を理由に逮捕、起訴された事件であった。アメリカ社会党は、自国の参戦後も反戦を貫いた世界でも稀有な社会主義政党であったが、それはカリスマ的指導者デブスの頑強な意思によるところが大きい。六月一六日、オハイオ州カントンのニミシラ公園にあったデブスは、この日も鋭く戦争の階級抑圧的な性格を非難した。愛国を強いられ、戦争の中で「血を流し、犠牲となる労働者階級は、そもそも宣戦に際して賛否の意思を示す機会すらなかったではないか」。この言葉によってデブスは、同月末、戦時騒擾法違反のかどでクリーブランドの連邦地裁にかけられ、有罪判決を受けた。これを不服とするデブスは上訴するが、最高裁も演説が「徴兵妨害」にあたると認定し、一九一九年三月、全会一致で懲役一〇年の実刑判決を言い渡した。四月、デブスはアトランタ連邦刑務所に収監される。

明白かつ現存する危機

ところで、最高裁デブス判決は、それ自体としては戦時の防諜法・騒擾法と憲法修正第一条の整合性について特に論じないが、一週間前に出されたシェンク対合衆国裁判という同種の紛争の判決を参照すべしとした。この裁判の発端は、やはりアメリカ社会党の書記長であったチャールズ・シェンクが、徴兵対象となった若者に向けて軍役への不服従を促す政治ビラを一万五〇〇〇枚配布した事件にある。シェンクもまた戦時防諜法違反で有罪判決を受けたのであるが、その際、最高裁は次のような法理を展開した。「言論の自由を最大限厳格に保護するとしても、満員の劇場で火事だと嘘の叫びを上げ、パニックを引き起こすような人を保護することはできない。問題は……その言葉が明白かつ現存する危機を惹起するような環境で、そのような性格を持つものとして用いられるかどうかである」と。要すれば「明白かつ現存する危機」があると判断されれば、憲法上の市民権は制限可能だというのである。

ただし、最高裁がこの原則を全く無定見に濫用したわけではないことも付言すべきであろう。一九一八年八月にニューヨーク市のユダヤ人街(ロワー・イーストサイド)で、米軍のロシアへの反革命出兵に反対するビラがまかれた事件では、シェンク判決では全会一致だった最高裁判事の判断は分かれ、七対二での有罪判決となった(エイブラムズ対合衆国裁判)。反対意見を出したリベラル派の判事ホームズとブランダイスは問題となったビラがイディッシュ語で書かれていたことを理由に「明白かつ現存する危機」を認めなかったのである。とはいえ、この原則は結局のところ公共の安全という統治者の論理が、市民的自由に優越することを宣言したに等しかった。後に第二次大戦期の日系人の強制収容や、冷戦期の人権侵害の多くが、国家安全保障を理由に行われたことを考えるとこの判例の意味はきわめて重い。

また、歴史的に見てこの時期に初めて、表現の自由や言論の自由が政治問題化した事実も興味深い。一九世紀を通じて、市民の権利が法廷で争われるとき、その大半は財産権に関するものであった。避妊具の雑誌広告を「猥褻」文書として規制したコムストック法の事例があったとはいえ、本来的に市民的自由が統治権力とせめぎ合うものであるという認識は第一次大戦期に初めて定着する。ここに、戦時の国家膨張を背景に市民社会の諸原則が融解していった事実を確認できる。戦争直後の時期に、アメリカ市民的自由協会(ACLU)のような今日に続く人権団体が誕生するのはその証左であった。

選抜徴兵法

CPIの設立直後から、最重要の戦争政策である徴兵が急ぎ進められた。ウィルソン政権は一七年五月一八日、選抜徴兵法を成立させ、一年半の参戦期に四度の徴兵を実施、総計約二八〇万人の一般市民を兵士にした。もとより、徴兵とウィルソン政権の関係には複雑なものがあった。中立期のウィルソンはローズヴェルトの戦備運動との対抗関係から、徴兵制の導入に批判的な立場をとっていた。しかし、一六年選挙後、大統領に急接近したリップマンら『ニューリパブリック』系知識人は、大規模な欧州遠征のための兵力を短期間に整備するには徴兵が欠かせないと説得した。また米軍の内部でも新しい世代のテクノクラートたちは社会効率の観点から徴兵を強く主張した。人的資源の合理的な配置を維持しながら、産業や農業に被害を与えることなく巨大な軍隊を作ろうとすれば、兵士の選抜を計画的にコントロールできる徴兵制が必要だというのである。その後もウィルソンは伝統的な「志願兵の原則」を捨てることに逡巡していたが、参戦教書演説の数日前になってついに徴兵制の導入を決意した。

第一次大戦期の徴兵の制度設計全般を担ったのは、陸軍憲兵司令官のイノック・クローダーであった。彼は他の多くの中堅エリート軍人と同様、米西戦争後の帝国運営の中で頭角を現した人物だった。法曹資格を持つクローダーは、世紀転換期には軍法務官としてフィリピンの刑事司法制度の立ち上げを指導し、日露戦争時にも観戦武官として極東にあった。また、タフト政権時代にはキューバ総督府に出向し、現地の選挙監視等で実績をあげている。その後本国へ戻り、一九一一年からは軍法務総監に就いていた。

このクローダーが起草した選抜徴兵法は三つの点で画期的な内容を持った。一つは、徴兵登録という形で大規模な個人情報の収集が行われたことである。選抜徴兵法は、①登録、②免除、③抽選という三段階を経て市民社会から兵力を抽出したが、この第一段階の登録は滞米中の外国人や敵国市民を含む徴兵年齢の全男性住民に義務付けられた。一九一七年六月五日の第一回登録日には、全米の二一歳から三〇歳の男性九七八万人が地域の徴兵委員会に出頭し、全米統一の質問票に職業、家族構成、未婚か既婚か、人種、国籍、身体的な問題等々を回答した。政府はこの巨大な成年男性のデータベースを一元的に管理し、戦争計画の基礎とした。それは革新主義に典型的なソーシャル・コントロールのための社会調査とも似ていた。登録者数は終戦までに二三九一万人に達するであろう。

徴兵免除の意味

選抜徴兵法の第二の特徴は、その免除手続きの独特さだった。同法は、①扶養家族のいる既婚男性、②産業および農業で重要な役割を果たしている有産者や熟練労働者、③身体上の障碍があるもの、④敵性外国人、および、帰化一次書類を未提出の外国人、の四つの免除カテゴリーを例示し、登録者のうちこれに該当するものは免除を申請できるとした。

特に注意を要するのは、①の「父親」の免除だろう。クローダーは「我々は、最も親密で、神聖な家族の関係を壊したくない」と説明したが、その家父長主義的な価値観は隠しようがない。よく知られるように、第一次大戦期には男性が多く兵隊にとられ、人手不足が生じたいくつもの職種で初めて女性が雇用された。路面電車の車掌、救急車の運転手、砲弾製造工等々、これまで男性しかいなかった職場が、いつの間にか女性ばかりになっていた。こうした現象をとらえて、世界大戦の総力戦が男女平等と女性の社会進出を推進したと考える人は多い。だが実のところこの戦争は、男女のシティズンシップの非対称性を再確認する場となった。そもそも、国家への軍事奉仕という市民的義務は、ほとんど男性のみが独占したし、また徴兵免除の過程では膨大な数の女性が、自らの被扶養者性を申告することで、近しい関係の男性の徴兵免除を請願していた。

加えて、選抜徴兵法の免除には人種的なニュアンスがあったことも見逃せない。クローダーは免除規定に該当しない若者、つまり、徴兵されるべき人間を次のように概括していた。「独身男性や彼がいなくとも被扶養者が適切な支援を受けられる少数の既婚者。……産業や農業で自己実現に向いていない者……そして、少数の不熟練労働者など」。例えばここで「彼がいなくとも被扶養者が適切な支援を受けられる少数の既婚者」というのは、具体的には入隊後の手当が月五〇ドルであるので、それ以下の収入しか得ていない「父親」を意味し、それは言外に南部の刈分け小作や日雇い労働者を想定していた。つまり、多くの場合免除が認められなかった既婚者は「家族を扶養できない」黒人であった。貧しい黒人男性は、伝統的な男性性を享受する存在とは認められなかったのである。

選抜徴兵法の第三の特徴は、その地域的な施行の徹底である。同法は全米を四六四八の徴兵地区に分割し、登録、免除をはじめとする選抜業務を当該の地区徴兵委員会に委任した。政府は全国共通の徴兵登録カードを作り、統一の免除基準を強いながら、「徴兵は……民間と地域のものである」という外観にこだわった。「被治者の合意」の戦争は、本来、国家による市民の徴用と相容れなかったからだ。この両面性ゆえに、地域コミュニティは、一方では国策の下部組織として統合されながら、属人的な名望家支配を温存してもいた。地区徴兵委員会を構成した有力者は、彼らのよく知る若者とその近親者から無数の免除申請を受け取り、その生殺与奪を司るがごとく選抜の実務を遂行したのである。研究者ジェラルド・シェンクが指摘したように、戦時下に「有産者の白人男性は、連邦のエージェントとなることで、彼らがコミュニティ内にすでに保持していた権力と威信を強化」したのであり、その結果、彼らが重んじる「社会秩序と文化的価値を反映した」政治が全米の地域生活を覆っていった。総力戦は国家と「社会」の距離を急速に縮め、旧い権威を媒介とした新しい相互浸透的な関係を生み出していた。

徴兵と市民社会

一九一七年選抜徴兵法についてやや詳しく見てきたが、最後に同法の合憲性が問われた裁判闘争があったことにも触れておきたい。ジョージア州の政治家トム・ワトソンとニューヨークの人権派弁護士ハリー・ワインバーガーが原告団を支援したこの裁判（アーヴァー対合衆国）では、政府の徴兵政策が憲法修正第一三条の言う「意に反する苦役の禁止」に抵触するか否かが争われた。この問題提起は「民主主義の戦争」に随伴した国家による強制という大きな矛盾を突いており、右に見たクローダーの「地域による徴兵」スキームなども巧妙にこれを回避しようとするものだった。

この論点に関して、選抜徴兵法が発効した五月一八日、ウィルソン大統領はこう国民に説明している。「我々が戦争のために創り、鍛えねばならないのは軍隊ではなく、国民である。……この法律は、選抜をとおして国民を戦争のために組織し、最良の持ち場で……奉仕できるように分類する。……それは望まぬものに強制する徴用ではなく、自発的に参加しようとする国民の中からの選抜なのである」と。そして直後から、CPIは、「武装した一つの国民──一億人のボランティア軍団」を合言葉に、徴兵プロセスの民主性を強調する大宣伝を敢行した。これに呼応するかのように、一八年一月、最高裁アーヴァー法廷は、「市民が軍務に従う相互的義務は憲法の認めるところだ」と判決し、徴兵を合憲とした。周知のとおり、修正第一三条と同様の身体的自由権の規定は日本国憲法第一八条にもあり、日本で徴兵制を否定する論拠のひとつとなっている。だが、かつてアメリカでは「奉仕」は苦役ではないというロジックで、約二八〇万人が徴兵された事実は記憶してよい。

ところで、右のアーヴァー裁判の原告側に、エイブラムズ裁判などで国家権力の市民社会への浸食を批判したワインバーガー弁護士だけでなく、人種憎悪の政治利用もいとわないポピュリストとして知られるワトソンが名を連ねた事実は不思議な印象を与える。実はワトソンの真意はワインバーガーとは全く別のところにあった。すなわち、黒人を徴兵し武装させることへの深い嫌悪である。この珍妙な呉越同舟は、彼らが依拠した憲法修正第一三条がもともと奴隷制の廃止を宣する文書であったことを想起するとき、幾分スキャンダラスですらある。このような現実を知るとき、ウィルソンのいう「戦争のために創り、鍛えねばならない……国民」とは何なのかという疑問が改めて湧き上がってくる。

4　戦争とナショナリズム

国民を創る戦争

選抜徴兵法の免除規定（第四カテゴリー）から推察されるように、第一次大戦期のアメリカは将来帰化する意思を宣言した外国人は徴兵の対象とした。また帰化宣言をしていない者や敵性外国人であっても、自ら免除手続きをとらなければ、米軍に入ってアメリカへの忠誠を示すこともできた。その結果、米軍内の外国人兵士の数は、終戦までに四一万四三八九人に及んだ。これに帰化市民の兵士を加えると外国生まれは五〇万人近くになり、戦時の米軍総兵力の一五・七％に達した。アメリカの欧州遠征軍がフランスで発行した広報紙は、兵士の手紙の検閲を四九カ国語で行っていると報じていたが、これらの移民兵は約八割が南・東欧出身であり、一〇万人は非英語話者だったと推定される。ここに、革新主義の論点のひとつであった新移民のアメリカ化は、戦争政策においても重要課題とならざるを得なかった。

中立期の当初から、特に右派の論客は軍隊の訓練プログラムに移民の同化教育としての効果を期待してきた。「メルティングポットを熱く熱せよ！」とは、義務兵役運動の中でL・ウッドが掲げたスローガンのひとつであった。この流れは参戦後も継続し、CPIの宣伝や軍の文化政策は、祖国を忘れ「徹頭徹尾アメリカ人になれ」というローズヴェルト流のアメリカ化論を体現したものだった。だがその一方で、戦争は多くの移民集団の民族アイデンティティを刺激してもいた。なかでもポーランド系やチェコ系など東欧移民は、第一次大戦を祖国の再生ないし独立の好機とみて、むしろかつてないほど欧州とのつながりを求めた。そのため、参戦初期の権威主義的な同化政策は移民の士気を維持するうえであまり効果的ではなかった。一九一八年四月、内務省教育局は国防会議の支援を受けて全国的な「アメリカ化会議」を開催し、移民のエスニックな文化生活を尊重する方向へ路線転換を図った。これを受けて五月、CPIは「外国生まれ対策部」を新設し、主要な民族団体をその下部組織に組み入れるとともに、移民をターゲットとした外国語での情宣活動を本格化した。また軍隊の内部でも、移民兵に配慮してユダヤ教の礼拝や民族的な祝日を認める対策がとられたが、同時にYMCAの講師を招いた英語プログラムを整備し、一九一八年五月の帰化法改正では移民兵のアメリカ市民権取得を特例的に容易にもした。驚くべきことに終戦までに一五万人の移民兵が軍隊内で帰化したのである。

先住民と植民地軍

軍事奉仕を介した国民統合は、いま一つの周縁化された集団、アメリカ先住民についても当てはまる。歴史的に先住民兵士の召集をめぐっては、その特殊な土地鑑や生活文化を生かすべく分離軍団を組織すべしという議論があった。実際、一九一六年のパンチョ・ビジャ討伐戦では国境地帯の地理に詳しいアパッチ斥候隊なるものが編成されていた。この分離軍団構想は参戦後も燻り続け、翌一七年四月末には「インディアン騎兵隊」法案が議会に上程された。だが、この案は一九世紀末以来、寄宿学校制度を軸に若い先住民のアメリカ化を推進してきた連邦インディアン事務局から強い反発を受けた。特にコミッショナーのカト・セルズは軍隊における「白人との混合」を求め、結局、陸軍も「統合軍」案を支持した。この処遇は、入隊後に徹底した人種隔離を強いられた黒人兵のケースと著しく異なるものであった。ともあれ、戦時下に一万二〇〇〇人の先住民が召集された。そして、その中には多数の「インディアン寄宿学校」の卒業生が含まれた。また、かかる少数者の動員は、彼らの市民化と結びついていた。戦後一九一九年一一月、連邦議会は先住民の退役軍人をアメリカ市民とする法律を制定し、続く一九二四年のインディアン市民権法では全先住民にアメリカ市民権を与えることになる。

これと類似した徴兵と市民権の「バーター」関係は、アメリカ島嶼帝国の要衝、プエルトリコについても当てはまる。中立期のオーデンヴァルト号事件については、すでに記したとおりであるが、プエルトリコはアメリカ参戦後も「帝国」の総力戦を支え続けた。アメリカ議会は参戦一カ月前の一九一七年三月にジョーンズ＝シャフロス法を制定。希望するプエルトリコ住民にアメリカ市民権を付与し、直後に始まる徴兵制度導入の根拠とした。実際にアメリカ政府は戦時下に一万八〇〇〇人のプエルトリコ連隊を組織し、パナマ運河地域の防衛にあたらせた。また議会は、一九一八年五月の帰化法改正でも市民権未取得のプエルトリコ兵に格段の配慮を示し、そのアメリカ国民化を促した。

ちなみに植民地軍の動員はフィリピンでも行われた。アメリカのヨーロッパ遠征軍の補助兵力として、現地人二万五〇〇〇人からなるフィリピン民兵が新設され、既存のフィリピン・スカウトも現地人中心の四連隊として大規模に再編された。第一次大戦を機に植民地の軍事力に占める現地人の重要性は飛躍的に増大した。また、フィリピン人兵士の間では軍事奉仕の代償として地位向上への期待が高まり、アメリカ人の兵士・軍属と平等の権利を求める空気が醸成されていく。ただし、戦時のフィリピンではプエルトリコのような「市民化」は行われない。戦後、マニラ近郊の基地で、賃金差別を理由とするフィリピン人兵士の大規模な反乱が勃発するが、それはむしろ「自立」へと向かう流れの一環と見える。このように、総力戦は地域ごとに大きな多様性を含みながらも、植民地の人々の権利覚醒を促し、アメリカ帝国の本国―植民地関係を変容させていった。

黒人と総力戦

戦争を社会改良の好機ととらえ、軍事奉仕を通じて自集団の地位向上が期待できるという考えは、人種差別に苦しむ黒人指導者の間にも広く存在した。参戦直後の一九一七年五月、NAACPが主催した全国黒人戦争会議において、主要黒人団体は次の言葉で始まる合同決議を採択した。「世界戦争の真の原因は……ヨーロッパ諸国間で利己的な有色人収奪が競い合われたことにある。永遠平和は、被治者の合意による統治の原則が、ヨーロッパの小国だけではなく、アジア、アフリカ、西インド諸島の民衆そしてアメリカ黒人の間にも広げられて初めて実現するであろう」。この戦争批判は、起草者のデュボイス自身が二年前に発表した「戦争のアフリカ起源」論文を踏襲したものと言ってよい。だが、一七年五月の決議文はこう続く。「過去の不幸な歴史にもかかわらず……人種と肌の色による障壁のない、民主主義の偉大なる希望は……連合国側にあると熱烈に信じよう。……だから世界を自由にするために黒人同胞市民が我が国旗のもとに馳せ参じ、軍に参加することを強く求めたい」と。軍事的な献身をよすがとする国民共同体への包摂――その展望が黒人の戦時戦略を基礎付けるものでもあった。

しかし、同年七月二日、イリノイ州イースト・セントルイス市で勃発した人種暴動は、民主主義と国民統合の戦争という建前を粉砕する惨事となった。この日同市の白人住民が黒人居住区を襲撃し、およそ一五〇人の黒人がリンチを受けて殺害された。この事件の背景には、戦時経済が惹起した未曽有の人口移動があった。深刻化する軍需産業の労働力不足を補うために、五〇万人とも言われる南部黒人が北部都市に移住したのである。重要な軍需品のひとつであるアルミニウムの製造工場が立地したイースト・セントルイスにも毎週二〇〇〇人以上の黒人が流入し、そのことは古くから住む白人労働者層の反発を買っていたのだ。

全米の黒人社会にとって、軍需増産の要請に応えて移住した同胞の虐殺は、「アメリカ」による裏切り以外の何物でもなかった。七月二八日には、ジェイムズ・W・ジョンソンとNAACPの呼びかけで、大規模な抗議デモがニューヨーク市で行われた。また翌月、ハワード大学のK・ミラーは、ウィルソン大統領宛ての公開書簡を発表し、政府の不作為と「民主主義の戦争」の欺瞞を厳しく論難した。すなわち、「黒人は、自分たちがアメリカ民主主義の構成要素と考えられていないと感じています。そのことが……〔我々の〕あらゆる怒りの根底にある不満なのです。……世界の国々は、アメリカが民主主義を海外に広めようとする前に、まず国内の問題に取り組めというでしょう。……非難されているのは、あなたが悲しむべき国内の過ちに直面して、なお世界の民主化を唱えていることなのです」と。

国内諜報と黒人の動員

このような黒人大衆があげた抗議の声は、ほとんど前例のないものであった。政府はかかる事態を戦争遂行上の脅威と捉え、イースト・セントルイス事件を広く報道した黒人ジャーナリストのI・B・ウェルズやK・ミラーを陸軍情報部の監視対象とした。この陸軍情報部と司法省調査部を柱とする国内諜報は、第一次大戦下に急成長した政府機能であった。前者は、米西戦争直後に時のルート陸軍長官が軍の近代化の一環として、陸軍参謀本部や戦略大学校を組織した際、わずか六名でスタートしている。中立期になお数十名の人員にすぎなかったが、一九一七年にはフィリピン総督府での勤務歴をもつラルフ・ヴァンデーモンの指揮下に、常勤職員だけで二八二名を抱える陣容となった。後者の司法省調査部は一九〇八年創設で、やはり参戦期に約四〇〇名の調査員を擁する組織となった。陸軍情報部と司法省調査部は戦時防諜法、騒擾法を武器に、反戦社会主義者の監視や徴兵忌避者の摘発を行ったが、一九一七年夏以降は特に「黒人の破壊活動」という共有ファイルを作成するようになる。政府は黒人大衆を潜在的な反乱分子と見ていたのである。

そのことは、一九一七年九月、陸軍参謀本部が公表した黒人の徴兵方針にも影響した。まず軍は、黒人徴兵の大多数を鉄道建設や港湾労働等に活用することとし、軍事訓練は最小限におさえられた。これは、黒人の武装を恐れる白人世論を意識したもので、実際に三六万七〇〇〇人にのぼる黒人兵のうち戦闘に参加したものは、わずか四万人強と見られる。戦うことによって「市民」となる道は、多くの黒人兵については最初から閉ざされていた。黒人が武装することへの警戒は次の規定、すなわち、各訓練基地での白人兵と黒人兵の「安全」比率は二対一であり、黒人兵の数はそれ以下に保つという方針にも表れている。さらに軍と政府は、黒人を分離軍団に組織し、基地内の施設および訓練プログラムも人種別とする方針を固めた。

歴史的には、黒人兵士はアメリカ正規軍の中の精鋭であった。彼らは、米西戦争のキューバ攻略戦から、米比戦争、メキシコ干渉戦争のいずれの帝国主義戦争においても最前線に立ってきた。だが、徴兵制が導入され巨大な国民軍が形成される過程で、政府には黒人将校の指揮を嫌う白人新兵の苦情が殺到し、駐屯地の近隣住民による黒人兵士への嫌がらせも後をたたなかった。特にイースト・セントルイス暴動の勃発後、ウィルソン政権はこうした問題が表面化することを嫌い、あえて人種隔離軍団を形成するとともに、各地で頻発する差別事案についてこれを公式に認知しない立場をとった。それは、民間社会の人種偏見が総力戦を媒介として公的な制度に浸透していく過程であった。また、一旦軍の制度の中で承認された人種慣行は、今度は全国規模の公共性を身にまとい民間社会に還元されていく。戦時下、この再帰的な関係のうちに人種にまつわる「社会的な」不平等は増幅していった。この経験がヨーロッパ移民の多元的統合や先住民の同化と著しく異なるものであったことは論を俟たない。

ヨーロッパ遠征軍

それでも黒人団体の主流は、ウィルソンの戦争を支え続けた。デュボイスは戦争末期になってなお、「この戦争が続く限り、我々の特殊な不満を忘れ、民主主義のために戦っている我が白人市民や連合国の国民と協力し合おう」とNAACPの機関誌に書いている。それは、アメリカが、まがりなりにもリベラルな戦争目的を維持し続けたためである。一九一八年一月に発されたウィルソン一四カ条は、国内的にも重要な意味を持った。一四カ条は講和条件として、国際連盟構想の推進、ヨーロッパ内の民族自決、そして植民地問題の公正な解決などを列挙していた。もちろんそれは純粋な理想の表現とばかりは言えない。前年末に米墺戦が始まって、ハプスブルク多民族帝国の解体が現実味を帯びていたこと、また、ロシアの新生ボリシェヴィキ政権が「平和に関する布告」(一九一七年一一月)で、すでに無併合・無賠償、民族自決を宣言していたことは大きな動機づけとなった。さらに当時は、ブレスト・リトフスクで独ソ間の休戦交渉が行われており、東部戦線を維持するためにも、レーニンの平和攻勢に対抗する必要があっただろう。

だが、一九一八年三月にはロシアは講和し、戦線を一本化したドイツの攻勢は激しさを増した。アメリカはそうしたタイミングで総勢二〇〇万人のヨーロッパ遠征軍の主力を派遣した。その際、英仏両軍は自軍の消耗を補う兵力の供給をアメリカに求めている。これに対して、総司令官パーシングは、黒人二師団のうち一師団をフランスに譲渡することで応じ、アメリカ独自の戦線を形成した。アメリカの遠征軍は六月のシャトー・ティエリの戦い、ベロー・ウッドの戦いを制し、戦況は大きく連合国側に傾いた。

シベリア出兵

この第一次大戦末期には、同盟国と連合国の戦いとは性格の異なるもう一つの軍事行動があったことも忘れてはならない。一九一八年八月、アメリカはロシア領内に取り残されたチェコスロヴァキア軍団の救出を口実に、約八〇〇〇人の兵士をシベリアに派遣した。おそらく、アメリカにとっての最大の関心は、ロシア軍の戦線離脱後に再び東部戦線を構築しようと画策する英仏、そして東部シベリアと北部満州に独自の野心を抱く日本の動きであった。これら連合諸国との共同出兵を選択したアメリカにおいては、元来、ボリシェヴィキ政権と事を構える考えはなく、派兵後も現地での戦闘を避け続けた。

だが、ウィルソンの政府がシベリア出兵を第一次大戦の一環と位置付ける以上、それは反ドイツの戦略でなくてはならなかった。そして、そのことはロシア領内の戦争継続派、すなわち反革命勢力を支援する性格を持つことを意味した。ボリシェヴィキ政府がこの連合国の行動に強い不満を感じたことは想像に難くない。そもそも、レーニンをはじめとするボリシェヴィキは、第一次大戦を資本主義国の間の致命的な帝国主義戦争と見ており、同盟国と連合国の違いを重視していなかった。むしろ彼らが恐れたことは、資本主義諸国が一致団結して反革命の干渉戦争を仕掛けてくることであった。そうであるからこそ、シベリア出兵という列強による「領土侵犯」は許しがたいものであった。

いずれにせよ、アメリカのシベリア出兵は矛盾に満ちたものとなった。この行動が、ウィルソン自身が言明した一四カ条平和原則の第六条「ロシアからの撤兵・ロシアの自決」に反したことは明白だった。さらに言えば、このあからさまな内政干渉は、各国の国内改革と戦争政策を一体不可分のものと論じたアメリカの大義を自己否定することに等しかった。それゆえ、消極的な姿勢に終始したアメリカは、一九二〇年六月、ほとんど何もせぬままシベリアから兵を引いた。だが、この一連の出来事は、第一次大戦の中から世界の大国として名乗りを上げたアメリカが、やはりこの戦争の中で産声を上げたソ連という新しい国家と、早くも軍事的に向き合っていた事実を物語る。アメリカはドイツ帝国に代表される旧い植民地主義と勢力均衡論を批判し、民主的な国際主義を掲げて台頭したが、この後の二〇世紀を通じて、ソ連共産主義というもう一つの国際主義運動と対峙し続けることになろう。

講和の矛盾

一九一八年一一月一一日、社会革命によって皇帝が退位したドイツはついに休戦協定に署名し、翌一九年一月、二七の戦勝国で構成された講和会議がパリで始まった。ウィルソンは、まずもって一四カ条の承認を要請したが、特に英仏はドイツに対する懲罰的な講和を望み、わけても戦争中に連合国間で結ばれた秘密条約にこだわった。そこには勝者の帝国主義的な利害が露わであったが、戦後、革命と反植民地主義が各地に広がるなかで、力による秩序維持を優先するリアリズムが説得力を持っていった。なお、この時点で連合諸国はいまだシベリアに駐留し、ロシアの代表は講和会議に呼ばれていない。

たしかに、講和会議はウィルソンの夢であった国際連盟の創設を実現した。だがそれは結局、新生ソヴィエト（正式には一九二二年に成立）を排除し、日本の山東領有を認め、列強による委任統治――すなわち旧ドイツ領植民地の再分配を進めるものとなった。かかる展開は、アジアやアフリカの人々からは怒りをもって迎えられた。それぞれの脱植民地の宿願が「理想主義」の名のもとに正当化されたという確信が、一四カ条の発表以来、広がっていたからである。中国では各地にヴェルサイユ条約調印拒否運動が叢生し（五・四運動）、エジプトでも同様の抗議の声が上がった。もっとも、植民地主義の温存自体は、ウィルソンも容認するところであった。

彼の自決観は、個々の「民族」を歴史的な成熟過程を経て形成される政治体と見る思考に裏付けられており、いまだ自治を達成できない「遅れた人々」への主権付与は論外だったからである。事実、アメリカは戦後もかわらずキューバを保護国として支配し、ハイチやドミニカの米軍統治を継続していた。

アメリカ国内でもそうしたウィルソン政権への幻滅が広がっていた。一九一八年一一月投票の中間選挙は野党共和党が圧勝し、両院の多数を占めるに至った。また、翌一九年七月のウィルソン帰国後も、国際連盟案はリベラル左派からは帝国主義への妥協と言われ、右派からは特に連盟規約第一〇条の集団安全保障条項がアメリカの主権を制限すると非難された。加えて、「民主主義の戦争」に協力してきた黒人指導者からも失望の声が相次いだ。同月、J・W・ジョンソンは新聞紙上に、「講和条約は、アフリカ問題という列強間の紛争の主たる原因に全く手を付けていない――アフリカは戦前と同じく搾取され、奪われ、抑圧され続けている」と書いた。その後、一〇月にウィルソン大統領が病に倒れ、一一月一九日には連邦上院が講和条約批准案を否決するに至り、アメリカの国際連盟への参加は見送られた。

第三章　新しい時代
──一九二〇年代のアメリカ

1920年代，白昼堂々首都の
目抜き通りを行進するKKK

1　反動政治の実相

戦後の混沌

第一次大戦の「戦後」は、アメリカ史上類を見ない国内暴力の時代として始まった。一連の擾乱や権力の濫用は、いずれも戦時の政治経済に起源をもつものであり、ウィルソン政権の求心力低下に伴って歯止めがかからなくなっていく。まず、一九一九年夏、二五を超える都市で人種暴動が勃発した。多くの場合、戦時のイースト・セントルイス暴動とよく似た構図――すなわち、北部の軍需関連産業を目指した南部黒人の「大移動」が背景にあった。一九年七―八月のシカゴ暴動では白人一五人、黒人二三人の死者が出たが、事件後に設置された人種関係委員会の調査・勧告をとおして、居住区における「事実上の」人種分離が制度化されていった。その後、シカゴを含む主要な北部都市では、非白人への不動産譲渡・販売を禁じた人種制限的な不動産約款が急速に蔓延していく。ジム・クロウはもはや南部だけの因習ではなくなった。

第二の暴力は、労働の分野に拡大した。これまでＡＦＬをはじめとする組織労働は、戦時コーポラティズムの一角を成して、ウィルソン政権の戦争政策を支えてきた。その際、戦時労働委員会が労働組合に事実上の法的承認を与えたことの重要性はすでに見た通りである。しかし、政府は一九一九年八月に同委員会を廃止し、後継機関をついに作らなかった。一〇月になってようやく、戦後産業秩序の再編を協議する「産業会議」を招集したが、公権力の後ろ盾を欠いた労働代表は、産業界の唱えるオープンショップ論に押し込まれていった。その間、労使関係は剝き出しの実力行使の様相を呈していた。同年一月のシアトル・ゼネストに始まる巨大争議は、九月には鉄鋼労働者三五万人のストライキへと続いていく。この一年間だけで三六三〇件の争議があり、非農業従事者の七人に一人の割合にあたる四一六万人が何らかの形でストライキに参加した。そして、戦時労働政策の解体ゆえに、鉄鋼ストを含むほとんどの紛争は労働者側の敗北に終わった。

戦後顕在化した第三の国内暴力もまた、戦争が生んだ負の遺産と言ってよい。一九一九年三月に着任した司法長官A・ミッチェル・パーマーは司法省調査部を活用し、同年一一月、翌二〇年一月の二度にわたって、苛烈な反共キャンペーンを展開した。外国人を中心に四〇〇〇人を超える左翼活動家を拘束し、およそ五〇〇人を国外退去させたその行為は、憲法上大きな疑義の残るものだった。この「赤の恐怖(レッドスケア)」は、一九二〇年春にもサッコ・バンゼッティ事件という移民の無政府主義者をターゲットとした冤罪事件を生み出していく。しかし、その後も司法省調査部は成長し続け、一九三〇年代には連邦捜査局(FBI)となって、陸軍情報部と並ぶ強力な国内諜報機関を成していく。

こうした戦後の混乱は二〇年後半にはおおむね落ち着き始める。だが、終わったばかりの戦争のネガティヴな評価と一連の暴力の記憶は、世論を著しく保守化させていった。一九二〇年一一月の大統領選挙は、共和党候補ウォレン・ハーディングが三七州を押さえ(一般投票の六〇・三%)圧勝した。この選挙で共和党陣営が掲げた選挙スローガンは、「常態への復帰」であった。それは、明確にウィルソン主義と戦時の社会改革を否定するものであった。アメリカ大衆は少なくとも短期的には、この政治反動を歓迎したのである。

常態への復帰か?

一九二〇年代前半には、戦前の革新主義から戦時の集産主義へと続いた「改革」へのバックラッシュと見える事象が頻発した。一つは、経済政策の保守化であった。共和党が多数を占める議会とアンドリュー・メロン財務長官は、産業界の要請をいれて一九世紀末以来の高率保護関税(フォードニー＝マッカンバー法)を復活させるとともに、大幅な法人税、累進所得税の減税を実施した。特に後者の減税政策は、富の再分配による社会政策の展望を大きく後退させるものであった。

労働の領域でも保守化傾向は顕著だった。最高裁は一九二二年のベイリー対ドレクセル家具裁判で、児童を雇用する企業に課税する、連邦の児童労働規制法に違憲判決を出し、翌二三年のアドキンス対児童病院判決でもワシントンDCの女性最低賃金法を無効とした。「契約の自由」と経営者の「財産権」の聖性は、再び例外なきものとなったように見えた。また、全米製造業協会などが仕掛けた反労組オープンショップ運動(「アメリカン・プラン」)が大きな勢力となり、労働組合の加入者数は、二〇年代末までに一〇〇万人以上減少することになる。

第二次KKK

「反動」は文化生活の面でさらに深刻だった。戦時中、国内プロパガンダが煽り立てた偏狭なナショナリズムは、突然の休戦後行き場をなくし、鬱屈した民衆感情をあとに残した。そして、動員解除に伴う戦後不況下に移民の波が復活したとき、それは非常に攻撃的な排外意識となって表出した。この負の情動を吸収して巨大化したのがKKKだった。この運動は南北戦争後の同名の運動とは直接のつながりはなく、かの人気映画『国民の創生』の影響を受けて一九一五年に組織されたものだった。第二次KKKの特色の一つは、従来の人種主義に加えて反移民の主張を取り入れ、南部よりも中西部に勢力を伸長させたことである。このヘイト運動は、「一〇〇%アメリカニズム」を掲げて、反カトリック、反ユダヤ人、反アジア系等々、ほとんど全方位的に排斥主義を叫んだのであった。

もっとも、KKKはただ単純に戦後の反移民論に便乗し、素朴な偏見を振りまいていただけの運動ではなかった。そこには、高度な宣伝と消費市場を通じた組織拡大という現代的な特徴を見て取ることもできる。象徴的なのは、組織のナンバー2の地位にあったエドワード・クラークの存在だった。もともとクラークは南部広告連盟の会長を務めた広告・出版業者で、第一次大戦期にはKKKに在籍しながら赤十字、YMCA等の戦争協力団体で、戦時広報の業務に携わっていた。戦後は、その経験を生かして巧みな広告、宣伝とマルチ商法まがいの入会システムでKKKに隆盛をもたらし、一時期その会員数は四〇〇万人を超えた。それは、あたかも消費市場で大衆に人種差別と純血主義のスローガンを売りつける高度なセールスマンシップのようであった。

一九二四年移民制限法

排外感情の高まりは、より厳格な移民制限を議会に求める圧力ともなった。まず一九二一年五月、南・東欧移民の制限を骨子とする時限立法、「緊急割当移民法」が成立した。同法は、はじめて「出身国別」に入国可能な移民数を割り当てる方式を採用したが、その規定は三年後の一九二四年にさらに強化され恒久法となった。それは一九一七年移民法の「識字による選別」の背景にあった民族差別をよりあからさまに表現したものであった。二四年移民法は、「西半球外からの移民」(実質的にはヨーロッパ移民)について、受け入れ総数を年間一六万五〇〇〇人としたうえで、一八九〇年を基点にアメリカの「出身国別」人口を算定し、向こう三年間その二％を各国の移民受け入れ数として割り当てた。もっとも、「出身国」という概念は全く二〇世紀の産物であり、これを示す歴史的な根拠も統計も存在しなかった。ただ、そこにはアメリカ人の血統を新移民の到来以前(すなわち一八九〇年以前)のものに戻したいという固い立法意思があったのであり、同法は最盛期には年間二〇万人あったイタリア移民をわずか三八四五人に、ポーランド移民も五九八二人に制限した。

こうした移民政策にもまた、単なる戦後反動では片づけられない側面があった。例えば、一九二四年の移民法改正に際しては、優生学記録局のハリー・ラフリン理事長が推進派の議会対策を主導していた。ラフリンは公聴会等を通じて、犯罪や依存といった「社会的堕落」がその人種的資質ゆえに、南・東欧移民に突出して多く見られると喧伝した。それは、民主的自治への「適性」を基準に移民の人種的選別を行おうという、かつてのディリンガム委員会や一九一七年の識字テスト移民法の方針を、「科学」の立場から裏書するものだった。

また、二四年法は出身国別原則とは別に「帰化不能外国人」条項なるものをもうけ、日本人を含むアジア人全般の入国を基本的に禁止した。一七年法において、ひとまず移民を禁ずる地理的領域として措定された「アジア」は、今やアメリカへの同化能力を欠く移民の属性――すなわち、「人種」として身体化されてしまったのである。これにより、南・東欧系は「割り当て」による移民制限の最大のターゲットとされながら、「有色」のアジア移民より上位にあることが確認された。別言すると、イタリア人やポーランド人、そしてユダヤ人たちは「白人の報酬」を受けることができた。そのことは一九三〇年代以降のホワイトエスニックを包摂した国民統合のあり方に大きな影響を及ぼしただろう。

ところで、同法はもう一つの大きな移民の流れを量的制限から除外していた。それは、メキシコ革命の動乱の中で急増したメキシコ移民であった。アメリカ在住のメキシコ人は一九一〇年には約二二万人であったが、一七年移民法の識字テストの対象から外されたこともあって、一九二〇年にはその数は六五万人を超えている。彼らは、しばしばアメリカ国籍を持つメキシコ系アメリカ人とともに非白人集団と見なされ、その増加は貧困や犯罪のイメージと結びついて社会問題化(メキシコ人問題)していた。だが、二四年移民法の形成過程においては、メキシコ人を大量に雇用した南西部の農場経営者の圧力から、これを受け入れ制限の対象外とした。また、最終的に可決された条文では、単に「メキシコ人」を例外とするのではなく、右記のとおり「西半球外からの移民」を制限するとし、カリブ海島嶼や南米からの人口移動も規制しなかった。第一次大戦後のアメリカは、なお西半球を特別な政治空間と見る世界認識を維持していたのである。

戦後の対外政策

「世界を変革する」といったウィルソン的な理想主義への反動と、戦後のイノーベーションが同居する状況は、二〇年代初頭のアメリカ外交にも当てはまる。ハーディング大統領(一九二一―二三年)、クーリッジ大統領(一九二三―二九年。二三年のハーディング急死後、副大統領から昇格し、翌二四年選挙で当選)と続く共和党政権は、国際連盟と距離をおき、モルガン商会のトーマス・ラモント等、銀行家、企業家による民間外交に大いに頼った。海外の政治問題に政府が公式に関与することで、種々の責任に縛られ行動の自由が制限されることを嫌ったためだ。だがアメリカは決して孤立主義に回帰したわけではなかった。たしかに戦後アメリカは、先に見た高関税政策でヨーロッパ諸国の対米戦債処理を遅らせるなど、利己的に経済利益を求める傾向が強かった。だが、二二年にはじまるドイツの経済破綻に際しては、「ドーズ案」のかたちで二億ドルの民間資本を投じて危機を回避し、また、東アジア情勢に関連して数次の国際条約を主宰するなど、列強の利害調整にも尽力したのであった。

このとき大きなリソースとなったのは、皮肉にもウィルソン主義の遺産とも言うべき軍縮や多国間協調といった民主外交の理念だった。なかでも「軍縮」は、二〇年代の共和党政権による世界戦略の柱となった。ハーディング政権のヒューズ国務長官を中心に開催されたワシントン会議(一九二一年一一月─二二年二月)では、海軍軍縮五カ国条約が締結され、アメリカ、イギリス、日本、フランス、イタリアの戦艦保有量の上限を五：五：三：一・六七：一・六七と制限した。この条約は、日本との建艦競争を回避できるという経済的な利点に加えて、世界大戦後の「平和」のスポンサーとしてアメリカの威信を世界に誇示する効果があった。

ワシントン会議では、その他にも九カ国条約と四カ国条約という、二つの重要な条約の締結を見た。まず九カ国条約においては、中国を含む全参加国の間で、門戸開放と中国の領土保全が誓われた。この前世紀末以来のアメリカの東アジア政策における一大原則は、ついに国際条約として諸国に共有されるものとなった。これにより、日本の特殊権益を容認した石井＝ランシング協定は廃棄され、日中間にもパリ講和会議の方針を変更して山東権益の返還条約が結ばれた。また、米英仏日が調印した四カ国条約では各国が太平洋地域に持つ領土と権益を相互承認し、紛争処理の方式を協定した。日英同盟は廃棄されることになり、代わって多国間協議の制度化が進められた。このように、少なくとも東アジアにおいては、アメリカ政府の公式な関与にもとづく「国際主義」が構築されつつあった。

ワシントン体制と呼ばれたこの新体制は、中国の人々に主権回復への希望を抱かせると同時に、残存する不平等条約をそのままに既得権を維持する列強間の談合のごとき側面もあった。

だがいずれにせよ、右の三条約は太平洋戦争まで続く対日、対アジア政策の基本構造を成したのであり、モルガン系の民間資金によるドイツ賠償金問題の鎮静化というヨーロッパでの展開とも相まって、当面アメリカは安定的な世界秩序を築くことができた。そのことは大規模な海外投資を模索してきた戦後アメリカ経済に、新しい「インフラ」を提供することにもなった。

2　新しい時代

繁栄の二〇年代

一九二一年の末頃から二二年にかけて戦後不況は終焉し、一転、未曽有の大好況がアメリカに到来した。経済成長の規模は凄まじく、一九二八年までの七年間にGDPは四〇%拡大した。特に製造業の伸びは顕著で、二〇年代半ばには、年間一九〇万台のT型フォード車が最先端の組み立てラインで製造され、アメリカの総工業生産額は一〇年間に七〇%増加した。次いで、エネルギー産業の成長も「繁栄の二〇年代」の特徴の一つだった。急激なモータリゼーションにともなって、石油は増産を続け、二九年の国内原油生産は戦前の四倍近い一〇億バレルに達した。また、この時期、産業と家庭の電化が急速に進んでいた。ウェスティングハウス社のような全国規模の巨大電力会社が出現し、アメリカの電力生産量は二九年の段階で、ほぼヨーロッパ全体と同じ一一六七億キロワットに到達する。

このような大量生産は、これに対応する大衆消費社会を必要とした。すでに二〇年代のアメリカでは、耐久消費財を安く消費者に供給する全国的な市場統合が進み、クレジット払いの商慣行も一般化していた。さらに、チェーンストアや百貨店のような現代的な小売業態や新進の広告、PR産業の発展によって新しい消費習慣が定着していった。一九二九年までに自動車の登録台数は二六七〇万台(四人に一人が自動車を所有)を超え、四七%の家庭が持ち家に住んだ。また同じ頃、商業化された娯楽文化の大衆的な消費も拡大し、全米の二万を超える映画館で毎年一億人以上がハリウッド映画を楽しんだ。

この大衆消費はアメリカの国民形成にも影響を与えた。排外主義や人種隔離の蔓延にもかかわらず、消費行動は容易に人種・民族の障壁を越えていくからである。黒人文化の中心地ニューヨーク市ハーレムの高級ジャズクラブの顧客の多くが白人中産階級で占められたことはよく知られるが、同じく大都市の南・東欧系地区では、旧来のエスニック・ビジネスが全米的なチェーンストアの進出に圧迫され、若者はアメリカの大衆娯楽に魅了されていた。二〇年代の経済繁栄は、きわめて多様なアメリカの都市生活者にある種の共通体験を与えていたのである。

「新しい時代」の協同的国家

ここで注意しなくてはならないのは、この好景気が「常態への復帰」といった政治標語がイメージさせる自由放任経済や孤立主義への回帰によってもたらされたのではないことだ。なるほど、一九二〇年代共和党政権の経済政策は、財界の意向を優先し、経営者の「自由」を擁護する傾向が強かったかもしれない。しかし、それは個々の資本家にフリーハンドを与えたことを意味しない。特にハーバート・フーバーが指導した商務省は、二〇年代に各種業界団体による自主的な規制、調整を全国規模で組織していった。自身も戦時食糧庁長官として第一次大戦下の食糧保存対策に奔走した経験を持つフーバーは、半官半民の協議組織（国防会議）による意思決定と専門家エリート（戦争管理者）による政策運用を理想と考えていた。戦後の政府は直接、市場や労働関係を規制するのではなく、例えば産業情報の集積と公開を通じて、あるいは、民間の業界団体やシンクタンクによる「自治」を促すことで、経済の発展を技術的に支援した。

フーバーにとって、このような「協同的国家（associative state）」はその先進性にもかかわらず、彼自身が終生信じた個人主義や機会均等の理念と両立できると考えられた。逆の言い方をすると、フーバーは根本的に社会保障や労働者の権利といった、個人主義と対抗する「社会的な」価値には冷淡であった。例えば、フーバーは効率的な協同的国家の構成要素として、労働者を組織化することに価値を見出していたが、それは独立した労働組合である必要はなかった。一九二〇年代のアメリカでは、オープンショップ運動が興隆する一方で、未組織の業界に従業員代表制が叢生している。この事実上の企業組合には多くの南・東欧系の移民労働者も加入し、当該企業が主宰する各種福祉事業の恩恵を受けていた。福祉資本主義とも呼ばれたこの制度は、企業経営者の家父長主義の色濃いものであったが、広く従業員に職場の連帯と「アメリカ的生活水準」を保障した点は重要だった。そして、それは、フーバーをはじめとする協同的国家の指導者たちが、第一次大戦期の労働政策から学び取った秩序維持手法のひとつだった。こう見てくると、一九二〇年代を単なる政治反動期とするのは難しい。第一次大戦時の動員政策から引き継がれた新たな統治が随所に見られたのであり、事実、財界と政府は、好況期に突入した二〇年代中葉を境に、「新しい時代」というフレーズを誇らしげに用いるようになる。

平均的アメリカ人

この戦時体制から「新しい時代」へと続く展開は、アメリカニズムの基本的な人間観にも修正を迫らずにはおかなかった。歴史学者オリヴィエ・ザンズは、この時期「平均的アメリカ人」という概念が広く普及したことに注目する。それは、大衆消費に参加することで、文化的に平準化され中流意識を獲得した新しいアメリカ国民像であった。また同時に、「平均的アメリカ人」は、その消費活動を工学的に設計できる観念上の人間でもあった。いうまでもなく、それは戦時下に発達した人間行動の学知によって仮構された一つのフィクションに過ぎなかった。だが、ひとたびこの規格化された中流像が提示され、新進の広告技術で宣伝されると、人々は自らすすんでこれに接近していった。つまり、戦間期の大衆消費社会は、必ずしも資本主義市場の中で自然発生したものではなく、社会科学の行動主義と人々の物質的欲望が、総力戦を機に発展した「広報」（ＰＲ）を介して結ばれた地点に現れた何ものかだった。

さらに興味深いことは、この消費者大衆の範型がアメリカという特殊な生活環境を離れて越境していったことである。非人格化された「平均的アメリカ人」は、世界を「同化」するモジュールとなりえたのであり、アメリカの大衆文化や大量消費の生活様式はかつてない規模で各国に浸透していった。例えば一九二〇年代のヨーロッパではチャールストン・ジャズが流行し、当時、英国で上映された映画の九五％、フランスの七〇％はハリウッド映画だった。アメリカ人の欧州旅行者は、二〇年代末には二五万人を超え、このヤンキー旅行者の姿を通して、ヨーロッパの人々はアメリカの豊かで効率を重視した生活様式を知った。そしてアメリカ発の新文化は、その抽象性、普遍性ゆえに容易に模倣することができた。フランク・コスティグリオラの言葉を借りれば、それは「なによりも技術的なものであり……物質主義と効率、巨大さ、機械化、標準化、自動化、大量生産、大量消費、大衆民主主義、テクノクラシー、統一性、現実性、改革主義、楽観主義、同時性、寛大さ、公開性に特徴があった」からである。また、外交史家入江昭は当時の雰囲気をこう語る。「文化のアメリカ化は時代の風潮であり、世界各国がアメリカ的文化の影響で相互につながるようになったのだと指摘する者もいた……大衆文化の画一性を通して世界の平和が促進されるというのだ」と。

一九二〇年代の大衆社会

たしかに「大衆文化の画一性」は、人間社会にある種の平等を担保し、民族や人種の壁を越えた統合の資源となりえたかもしれない。しかしそれは、見ようによっては、コミュニティ生活を失い原子化した人の群れが、消費がもたらす物質的快楽と社会工学を駆使した巧妙な宣伝によって、受動的に結びついていただけのディストピアかもしれない。果たしてそのような大衆社会は、自立した個人の主体的なコミットメントを必須とする民主政治と両立できるのだろうか。一九二〇年代にはそうした懸念が特に左派の知識人から多く示された。彼らの懐疑の眼差しは、ひとつには政治的無関心（アパシー）の問題に向けられていた。政治学者のメリアムとゴズネルは、一九二四年に『不投票』と題する著作を発表し、二〇年代に大統領選挙でさえ投票率が五割ほどにまで低落した事実を指摘した。一九世紀末の大統領選挙での投票率が八〇％近くあったことを考えると、当時のアパシーは、新たに誕生した女性参政権や帰化市民の投票を相殺してしまうほど深刻だった。

このような民主政の不振を構造的な要因に立ち返って分析したのが、リップマンの『世論』

(一九二二年)であった。自身もウィルソン大統領のブレイン、広報官として戦時プロパガンダに携わったリップマンは、その経験から大衆民主主義の将来について非常にネガティヴな結論を導き出していた。つまり、現状のような大量情報社会にあっては、人々は自己決定に必要なすべての情報に直接触れることはできず、「自分で賢明だとか望ましいと考えるような疑似環境を創作」するしかない。この「疑似環境」の中では、人は「たいていの場合、見てから定義しないで、定義してから見る」。そうした状況にあっては、民衆の判断のもとになる情報自体が、「ステレオタイプ化されたかたちのままで知覚」され、常に歪みと断片化を伴うだろう。また、もしそうであるなら、そのような不完全な情報認知に依存した民衆自治や被治者の合意にいか程の価値があるというのか。リップマンはそう慨嘆し、むしろ専門家による統治と意思決定を志向するようになる。一九二〇年代の彼が、ハウス大佐やE・ルート等と共に、超党派のシンクタンク、外交問題評議会(CFR)の活動に深くコミットしたのはそのためである。

こうした大衆社会批判には反論もあった。なかでも重要なのは、デューイの『公衆とその問題』(一九二七年)であろう。この著作でデューイは、専門家に統治を委託するのではなく、メディアを介しない対面的な熟議の場を再建する必要を説いた。デューイもリップマンと同じく、総力戦による社会改良の可能性を信じ、そして戦争の非民主的な現実に裏切られたリベラルだった。それでもなお、彼は民主主義の未来を信じようとしていた。戦後デューイは広く地域社会に働きかけ、専門家と一般大衆が直接対話の中で学び合う「民主フォーラム」の運動を実践するとともに、国際的な戦争違法化キャンペーンにも尽力した。だが、このような方向性の違いにもかかわらず、彼の現状分析がリップマンとあまり変わらなかったことも指摘できる。デューイは言う――「政治的無関心は……特定の争点と自分自身を関係づける能力の欠如から生じ」ている。つまり、民衆は「自分たちが、理解したりあるいは統制したりするにはあまりに巨大な力の流れにとらえられている」と感じ、「政治行動の有効性に対して……懐疑的に」なっていると。

新しい潮流――フェミニズム

主流社会に根深いアパシーが蔓延する一方で、一九二〇年代には、女性と黒人が新しい政治主体として存在感を増しつつあった。まず女性について見ると、一九二〇年八月に憲法修正第一九条(女性参政権)が批准されたため、同年一一月の議会選挙は、初めて全州で女性が投票する機会となった。この選挙の結果、三名の女性下院議員が誕生し、上院にもレベッカ・フェントンが初めて当選した。その後二〇年代末までに、女性の下院議員の数は九名に達する。

ところで、修正第一九条の批准は、これまで参政権要求でひとまず結集してきた女性運動に深刻な分裂をもたらすことになる。次なる目標を男女の完全平等に定めるか、より実質的な母性保護を目指すかという路線をめぐる論争であった。まず、第一次大戦期に、アリス・ポールら若い世代の運動家が伝統的な全米女性参政権協会（ＮＡＷＳＡ）を割って立ち上げた全米女性党（ＮＷＰ）では、遅くとも一九二二年頃までに平等権派が大勢を占めた。ＮＷＰはポールを中心に、「男女の平等は合衆国とその統治下にあるすべての地域で否定され、もしくは削減されない」という、憲法の男女平等権修正条項（ＥＲＡ）を政治アジェンダに掲げた。

他方、女性投票権確立後、ＮＡＷＳＡが改組改称してできた女性有権者連盟（ＬＷＶ）は、母子年金や出産支援等を求める母性主義を前面に出していった。また、Ｆ・ケリーの全国消費者連盟や一九二〇年に創設された連邦女性局等も、一九二二年頃には母性保護・ＥＲＡ反対の態度を鮮明にした。憲法に男女の完全な平等を書き込むことは、女性労働者やシングルマザーを保護するあらゆる法や制度を無効にすると考えられたからである。そのような状況で、二三年、ＥＲＡは初めて連邦議会に提案されるも、それ以上進展せず廃案となってしまった。

むしろ、一九二〇年代に目に見える成果をあげられたのは、ケリーやＬＷＶが推進した母性保護の運動であった。彼女らは四〇州で母子年金を制度化し、全国政治でも二一年のシェパード＝タウナー出産・新生児保護法で母子保険福祉事業への大規模な政府助成を実現した。訪問看護師を派遣し、あるいは助産師の質を高めるべく免許制を導入するなど、出産に際しての母親と乳幼児のケアを進めるものであった。元来同法は三年前に、当時唯一の女性連邦議員だったJ・ランキンが、ハル・ハウス出身で連邦児童局局長のジュリア・ラスロップと共に書いた法案をもとにしていた。また、その最大の特徴は州を事業主体としながら、これに対して連邦がいわゆるマッチング助成を与えるという建て付けにあった。

すでに見たように、一九二〇年代は一般的な労働関係規制や社会政策の流れは大きく停滞した時期である。したがって、母子年金やシェパード＝タウナー法の成果は、むしろ旧い母性福祉の流れをくむものと考えるべきかもしれない。だが、ここに連邦政府がほとんど初めて具体的な社会福祉に資金を投入したことの意義は大きい。シェパード＝タウナー法自体は一九二九年に打ち切られるが、そのマッチング助成による州・連邦関係の制度化を含めて、来るべきニューディール期の社会保障制度に先鞭をつけた点は評価に値する。二〇年代に集団としての女性はアメリカを変える力強い主体として立ち現れつつあった。

新しい黒人

アメリカ黒人の改良運動もまた、その社会改革のビジョンとイニシアティヴにおいて、大きな飛躍を遂げていた。第一に、戦時下にはじまる「大移動」をひとつの契機として、北部都市を拠点とする新たな知的、文化的活動が勃興した。戦後の一連の人種暴動により、二〇年代には北部でも事実上の居住区隔離が進んでいたが、黒人の北上は止まらなかった。戦後の一〇年間でさらに一〇〇万人の黒人が南部の綿花畑を離れ、その結果、ニューヨーク市のハーレムやシカゴのサウスサイドは、数万人規模の人口を誇る黒人メトロポリスとなった。それは、ある種の解放区のように、黒人が各種の文化表現の主体となれる「場」を提供した。特にハーレムは、二〇年代の好景気と大衆消費の恩恵を受けて、黒人のジャズ音楽や文学運動の聖地となった。アレン・ロックは、「ハーレム・ルネッサンス」と呼ばれたこの文化現象の中で人種の誇りを叫んだ表現者達を、深い敬意を込めて「ニュー・ニグロ」と呼んだ。またシカゴでも、「ブロンズビル(銅色の街)」と呼ばれたサウスサイドの黒人地区が活況を呈した。一一万人の人口を擁した同地区には、黒人のビジネスと大衆文化が繁茂し、一九二八年の議会選挙では唯一の黒人下院議員デプリーストを当選させている。

黒人運動に見られたもうひとつの新展開は、それが国際的な次元を持つようになったことである。前章で見たように、アメリカ黒人は早くから帝国主義と人種主義、そして世界大戦の密接な関係を指摘してきた。だが結局、それがアメリカの参戦批判につながらなかったことが示すように、彼らもまた、アメリカ自身の植民地支配には無自覚だったといえる。その意味で、戦争直後の時期に人気を博した、西インド諸島出身のマーカス・ガーヴェイの運動は斬新だった。ガーヴェイは一九一六年にアメリカに移民したのち、ニューヨーク市に世界黒人改善協会(UNIA)を発足し、アメリカ黒人とかつての奴隷貿易によって世界中に離散した「アフリカ人」との新たな連帯を訴えた。この運動の注目すべき点は、ガーヴェイがアメリカ黒人の「アフリカ人」としてのアイデンティティを強く喚起し、資金を集めてアフリカへ帰還させる計画を掲げたことである。そこには二〇世紀後半のブラック・ナショナリズムにも通底する分離主義の傾向があらわれていた。

欧米の植民地主義に対する新しい感受性は、黒人運動の主流にも共有された。例えば、デュボイスは、まだ講和会議が終わる前のパリでセネガル出身のフランス代議院議員ブレイズ・ジャニュらと共に、「アフリカの自治」を求めるパン・アフリカ会議を発足した。彼はガーヴェイ運動の不明朗な資金管理と分離主義を非難する一方で、戦間期を通じて、この反植民地の国際主義を推進していくことになる。

また、J・W・ジョンソンは、一九二〇年、いまだ米海兵隊による統治が続くイスパニョーラ島を調査し、「ハイチの民族自決」と題する長編の報告書を『ネイション』誌に公表した。「〔ハイチ占領は〕我々の息子達が民主主義のために……異国の地で倒れ死んでいったときに行われていた……〔アメリカは〕全世界で軍国主義の暴政を倒すと誓っておきながら、ハイチの人々はまさにその軍事支配に隷属させられたのだ」。このように、「カリブの小国」の民族自決を擁護するジョンソン報告の重要性は、ハイチの現状に、国内で黒人を従属者の地位に置く白人社会のそれと同じ論理を見出していた点にある。ジョンソンは言う。「〔アメリカの〕干渉——すなわち、無防備な三〇〇〇人の現地人の無慈悲な虐殺……を正当化するために、ハイチ人の「劣等性」、「後進性」、「野蛮性」が〔意図的に〕喧伝されている」と。つまり、「遅れたハイチ」という言説は、彼らが自己統治を行うまでに成熟していないという、発達段階的な評価を介して、アメリカによる支配を要請する。これと同様の議論は、民主主義を知らない黒人やアジア系には、社会的平等を与える前に、一定期間「保護」(=支配)と順応のプロセスが必要だとする国内の人種差別容認論に散見される。ジョンソンのハイチ独立論は、そうした漸進的な「適応主義」の拒絶を意味するものでもあった。

その後、二〇年代のジョンソンはハーレム・ルネッサンスの英雄の一人と目され、またNAACPの代表幹事として辣腕を振るうことになる。NAACPは第一次大戦を契機に会員数九万人の大組織となるが、ここに初めて黒人のトップをいただくことになった。このようなアメリカ黒人の政治主体としての確立と、デュボイスやジョンソンが抱いた植民地の人々との連帯の構想は、二〇年代の排外的で人種主義的な政治文化に対抗する潜勢力となった。

3　去り行く平和

平和のイデオロギー

実際、二〇年代の国際関係は、ウィルソン的な理想主義と大国支配の現実、そして、戦後の国際秩序に不満を抱く各国のナショナリズム（あるいは、反帝国の民族主義）とのせめぎ合いのうちに展開してきた。しかし、その前提として、第一次大戦後の世界では「平和」それ自体が大きな価値を持った事実を再度確認しておきたい。なかでも一般的な軍縮が広く支持されただけでなく、戦争を国際法上違法にしようとする国際的な潮流が形成されたことは特筆に値する。

J・アダムズ等が一九一五年に結成した、「恒久平和のための国際女性委員会」が戦後、改組・改称してできた婦人国際平和自由連盟（WILPF）は、二〇年代後半に精力的な戦争違法化運動を展開し、一九二七年には三万通の署名を時のクーリッジ大統領に提出した。その成果は、翌二八年八月、「国家の政策手段としての戦争を放棄する」ことを定めたパリ不戦条約（ケロッグ＝ブリアン協定）に結実した。条約成立に至る過程でのアメリカ人のプレゼンスは小さくない。シカゴの弁護士サーモン・レヴィンソンや共和党孤立主義ブロックのボラー上院議員、前出の哲学者デューイらが強く自国政府に働きかけてきた。なかでも、戦争違法化委員会という市民運動を組織したレヴィンソンは、不戦条約の条文作成にも関わり、婦人国際平和自由連盟とともに二〇年代の平和に大きく寄与した。同不戦条約には、米、英、仏、独、日等、一五のオリジナル調印国に加えて、一九二九年七月の発効日までにソ連を含む多くの途上国が参加することになる。

アメリカの平和イニシアティヴは、いわゆる文化国際主義の領域でも大いに発揮された。かつて入江昭が指摘したように、アメリカ合衆国は国際連盟に加盟しなかったが、二〇年代には多くのアメリカの要人が、連盟内外の国際的な文化交流活動を支える働きをした。ロックフェラー財団の幹部レイモンド・フォスディックや国際労働機関（ＩＬＯ）創設を推進した歴史学者ジェイムズ・ショットウェルらは、ユネスコの前身の国際連盟国際知的協力委員会に深くコミットしたし、他のアメリカ人エリートもグッゲンハイム基金や太平洋問題調査会（ＩＰＲ）といった、無数の国際交流プログラムの創設に貢献したのである。これに加えて、先述のアメリカ大衆文化のヨーロッパや日本への浸透も広い意味での文化国際主義の成果に含めて考えられるかもしれない。入江によると、こうした文化と知性の普遍性あるいは越境性に依拠した国際理解の広がりゆえに、「平和」は二〇年代の「ヘゲモニー・イデオロギー」となったという。すなわち、「平和のうちに存在する世界こそが普通で規範的であり、戦争は逸脱だという概念」がアメリカと世界に広く共有されたというのだ。

平和の限界

しかし、あらゆる平和がそうであるように、二〇年代の平和もまた、それが単なる価値規範のレベルを超えて「現状維持」を強いる力として現れるとき、様々な異議申し立てを受けることになる。その意味で一九二五年頃から本格化する中国の反帝国主義のナショナリズムを無視することはできない。同年五月、上海の日系紡績工場でのストライキ弾圧を端緒として、列強との紛争は青島や広東にも波及し、輸入品ボイコットや不平等条約撤廃を求める運動が全国化していく(五・三〇運動)。七月には、反帝国主義運動を主導する中国国民党が広州に国民政府を樹立し、翌二六年には国家統一を目指す「北伐」を開始した。

この間、九カ国条約の加盟国はいずれも中国ナショナリストと個別に交渉するのが常となり、多国間協調主義の原則は大きく後退した。アメリカは国民党政府との協議の末、関税自主権を認める新協定を締結(一九二八年七月)したが、日本はこれに強く反発した。そもそも山東返還問題からワシントン体制そのものに不満を持っていた日本と国民党政府の関係は悪化の一途をたどり、一九三一年九月にはついに満州事変が勃発した。ここにアメリカが主導した新しい東アジア国際秩序の夢は脆くも砕け散ってしまう。フーバー政権はスティムソン・ドクトリン(一九三二年一月)を発して、日本による中国の主権侵害、パリ不戦条約違反を批判したが、もとより軍事行動で応じる意図はなく、結果的に満州国の建国を許してしまった。

かつて外交史家のロイド・アンブロシウスは、相互依存理念を基軸としたこの時期のアメリカ外交は、越え難い文化的差異によって分断された多元的な世界構造に対して、現実的な対応能力を欠いたと論じたが、東アジアにおける一連の政治過程はそのことをよく例証していた。また別の言い方をすれば、アメリカが掲げた「普遍主義」は、民主的自治の約束が果たされない限り、非ヨーロッパ地域の住民や敗戦国の国民にとっては大国支配の装置にすぎなかった。第一次大戦後の国際秩序は、東アジアで中国の反帝国主義ナショナリズムの挑戦を受け、日本による逸脱を抑止できなかったばかりか、ヨーロッパにおいても、戦後の国境変更で中・東欧各国に少数民族として残置された「ドイツ人」から自決要求を受けることになる。民族自決の原則と自由貿易にもとづくリベラルな多国間主義を整合的に両立させるのは非常に困難なタスクだったのであり、次に見る世界恐慌の到来によって事態はさらに悪化していくだろう。

大恐慌

一九二九年一〇月、ニューヨーク市場の株価暴落にはじまる「大恐慌」の勃発は、少なからず唐突の感をもって当時の人々に迎えられた。前年一一月の大統領選挙では、満を持して共和党候補として指名されたフーバーが、「繁栄の二〇年代」の立役者らしく「すべての家庭の鍋に鶏肉を、すべてのガレージに自動車を」の選挙スローガンのもと圧勝した。フーバーは民主党候補アル・スミスに一般投票で五三〇万票以上の大差をつけ、全四八州中四〇州を獲得したのである。さらに共和党は併せて行われた議会選挙で、下院で三二議席、上院で六議席増やし、両院で安定多数を確保した。翌二九年三月に大統領に就任したフーバーが、我が世の春が永続すると信じたとしても不思議はない。だが破局はわずか七カ月後に訪れた。

予兆が全くなかったわけではない。この数年来、株式市場がバブル状態にあったのだ。ニューヨーク市場の工業株価平均は一九二六年におよそ一八〇ポイントであったのが、二九年初めまでに三三〇ポイント、秋口には四五〇ポイントを超えていた。この現象からは、ドーズ案で欧州に提供されたアメリカ資本までもが、ニューヨークに還流したことが窺われる。証券市場が不健全な投機熱に浮かされていたのは明らかだった。その後、株価は一〇月二四日に急落し、一カ月で三八%下がったと見られる。株式相場の瓦解は二〇年代の好景気を支えた製造業にも多大な影響を及ぼした。不況の最初の四年間で、GDPはちょうど半減し、鉄鋼生産は恐慌前の六〇%、住宅建設は二五%、自動車にいたっては一四%にまで落ち込んだ。失業者数は総労働人口の二五%にあたる一三〇〇万人に達し、毎年二〇万人近い人々が住宅を喪失した。

農業の不況にはさらに厳しいものがあった。おそらくは慢性的な生産過剰が原因で、アメリカの農産物価格は、二〇年代の好景気の時期にも低迷し続けてきたからである。製造業などとは収益率の上で大きな違いがあり、そのことに農民は不満を抱えていた。そうした状況下に大恐慌が勃発し、農産物価格は単純に見積もっても、最初の三年間に恐慌前の約四割にまで下落――平均農業所得は三分の一に減額した。この農業の不況と連動するかたちで、一九三〇年末から銀行恐慌がはじまる。農村の地方銀行にはじまる急激な銀行業の経営難は、世界的な金融危機を招来し、一九三一年の一年間を通して二三〇〇行が倒産するなど最悪の状態となった。

フーバーの不況対策

この時期までのフーバー大統領は、産業界の各種団体や大企業に雇用と賃金の維持を要請し、また州や自治体に失業対策の実施を勧告するなど、いわば連邦政府の間接的影響力と業界自治の原則にしたがった政策を推進していた。それは、これまでのフーバーの協同的国家論から一貫した経済アプローチであり、少なくともこの時点では、第一次大戦から「繁栄の二〇年代」を導いた成功体験に裏打ちされたものであった。

だがすでに記した通り、不況はますます悪化の一途をたどり、大統領へかかる政治的プレッシャーは極大化していた。そのことは、フーバーにこれまでにない直接介入的な経済政策を決断させていった。一九三一年一二月の大統領教書はおそらく初めて、連邦政府による公共事業の実施と民間金融機関への支援を謳うものとなった。これを受けるかたちで、三二年二月には全国の銀行に年間一〇億ドルの公的支援を行う復興金融公社設置法が議会を通過し、続く六月には所得税の最高税率を二五％から六三％に引き上げる新連邦歳入法が、また七月には自治体の失業対策への連邦資金投入を定めた緊急救済建設法が成立した。ところで、これらの景気対策は、例えばフーバーが緊急救済建設法の立法過程でとった否定的な態度などからもわかる通り、彼本来の政治哲学とはかなりかけ離れていた。それはむしろ、きたるべきフランクリン・ローズヴェルト政権のニューディールの手法に近接したものだったのである。

フーバーの対恐慌政策の今一つの特徴は、その国際主義的なアプローチであろう。フーバーは一九三一年六月、激化する金融恐慌への対策としてフーバー・モラトリアムを発して、国際債務の一時凍結(一年間)を行った。また、彼は世界的な自由貿易の推進に不況脱出の可能性を見ており、ロンドン経済会議(一九三三年)の開催に執念を燃やした。大恐慌の影響を受けた各国は、すでにブロック経済へと向かっていたが、これを阻止して貿易を再活性化することが主たる目的だった。このフーバーの国際協調路線は、二〇年代外交からの継続性を見ることもできるが、同時に彼の政権が、大恐慌の原因を国内問題というよりは、むしろ世界規模の経済構造に求めていたことにも起因する。そのことは翻って、長引く不況に呻吟するアメリカ民衆の暮らしに対する、政府の鈍感さにつながっていた。恐慌が勃発して以降、大企業の福祉資本主義は急速に縮小し、移民の相互扶助的な事業や黒人地区の小ビジネスも次々と倒れていた。労働者やマイノリティの経済的なセキュリティはみるみる失われていたが、労働組合の加入率も相変わらず低いままで、一二―一三％の間を彷徨っていた。

フーバーは庶民を見殺しにして、銀行をはじめとする富裕層のみを保護している――そうしたイメージが次第に広がっていた。そして、一九三二年七月のボーナス・アーミー（恩給軍）事件は、その悪評を決定的なものとした。ワシントンＤＣには初夏の頃から困窮した退役軍人一万七〇〇〇人を含む四万三〇〇〇人の群衆が全国から集まり、第一次大戦の恩給を前倒しして即時現金で支払うことを要求していた。だが議会は彼らを救済する法案を否決し、あとには納得できない約二〇〇〇人の元兵士がキャンプ生活者として残った。彼らには破壊分子のレッテルが貼られＦＢＩの監視対象とされたが、七月後半になっても大統領からの退去命令に従わず、ついに同月二八日夜、ダグラス・マッカーサー率いる連邦第一二歩兵連隊とジョージ・パットンの第三騎兵連隊によって物理的に粉砕されてしまう。このニュースは瞬く間に全米を駆け巡り、人々のフーバーに対する失望は深まるばかりだった。

この事件の三カ月後には次の大統領選挙が待っていた。それはアメリカ史上のターニングポイントに見えた。この絶望的な状況の中で、アメリカの政治エリートは何か有効な経済政策を打ち出せるだろうか。アパシーに堕したといわれた大衆は、新しい政治を能動的につかみ取れるだろうか。人種と民族に分断された国民の文化生活はどのように修復できるだろうか。物質的な豊かさと大衆消費の「記憶」は、大恐慌下の政治にどのような意味を持ちえるだろうか。そして、一〇カ月前に勃発した満州事変後の世界に、新しい秩序を与えることは可能だろうか。一九三二年一一月の選挙をめぐっては、いくつもの深刻な問いが渦巻いていた。

第四章　ニューディールと第二次世界大戦

1933年3月の大統領就任式典でオープンカーに乗るF. ローズヴェルト夫妻．同乗しているのは南部民主党の領袖J. ロビンソン．ニューディール期に上院多数党院内総務をつとめた

1　百日議会

ニューディール時代の幕開け

一九三二年一一月の選挙は、アメリカ現代史上の大きな分岐点となった。民主党候補のニューヨーク州知事、フランクリン・ローズヴェルトが大統領に当選し、同時に行われた連邦議会選挙でも民主党が下院で九七議席、上院でも一二議席を増やすことに成功した。ここに第一次大戦後一二年間続いた共和党政権はついに終わりを迎え、以後一九六九年までの三六年間、ドワイト・アイゼンハワー共和党の二期(一九五三―六一年)を除いて、民主党が政権を独占する「長いニューディール」の時代が到来した。

さて、ローズヴェルトがフーバーから政権を引き継いだ時、アメリカの政治・経済はまさに危機的な状況にあった。失業者は依然として一〇〇〇万人を超え、就任一カ月前の一九三三年二月にはデトロイトにはじまる銀行の取り付け騒ぎが全米に広がりつつあった。また、国際情勢に目を向けると、同年一月、ドイツでナチス政権が誕生し、三月にはヒトラーの独裁体制が確立している。また東アジア政治に関しても、二月の国際連盟総会でリットン調査団の満州事変報告が採択され、翌月、日本が正式に連盟を脱退した。世界には自由民主主義とは異なる専制的な政体が続々と生まれ、二〇年代の国際協調の雰囲気は早晩失われようとしていた。

一九三三年三月、大統領就任直後のローズヴェルトがまずもって着手しなくてはならなかったのは、すでに三八州に波及していた銀行パニックに対応することだった。ローズヴェルトは、長く停止していた、第一次大戦期の対敵通商禁止法を活用し、三月六日から強制的に全米の銀行を休業させた。そのうえで、三月九日に招集した議会で緊急銀行法を即日通過させ、フーバーが創設した復興金融公社に銀行株を買い取らせるかたちで、銀行システムへの信用を回復しようとした。かくして、全米の銀行は三月一三日に再開したが、見事に騒擾は鎮静化していた。この奇跡的とも見える効果は、むしろローズヴェルトのカリスマ的人気によるところが少なくない。ローズヴェルトは、銀行再開の前夜ラジオ放送(炉辺談話)で、直接茶の間の大衆に銀行の安全性を訴えたが、そんな新大統領には連日国民から激励と期待、救済の望みをしたためた無数の手紙が届いた。その数はこの一週間だけで四五万通、その後も一日平均七〇〇〇通に及んだとされる。

百日議会と農業調整法

この臨時議会は俗に「百日議会」と呼ばれる。六月一六日までのおよそ三カ月の会期のうちに、初期ニューディールの主要一五法案が次々に成立し、猛烈な勢いで改革が進行していることを印象付けた。なかでも注目すべきは、農業不況への対策が最優先事項のひとつに掲げられ、農業調整法（AAA）として具体的な像を結んだことだ。五月一二日に成立した農業調整法の趣旨は、小麦や綿花等の主要作物の生産制限を広く農民にもとめ、「減反」のインセンティヴとして政府補償金を供与するものだった。こうした議論の背景には、アメリカ農業全般に構造的な生産過剰があり、それゆえ農産物価格が長期低迷してきたという問題があった。この農業不振は、「繁栄の二〇年代」にも、製造業や流通業などと比していびつに低い農業収益として顕在化しており、アメリカ農務局連盟（AFBF）のような圧力団体は、政治の力で農産物の「公正な交換価値（パリティ）」を取り戻すよう主張した。彼らの要求は、例えば一九二八年のマクナリー＝ホウゲン法案にあるように、農産物価格を押し下げる余剰農産物を政府機関が買い取り、安く海外市場に転売するアイデアに発展していった。

これに対して、農業調整法の立案にあたったコロンビア大学のレクスフォード・タグウェル等は、工業所得と農業所得の不均衡を問題視する点でパリティ論者と共通していたが、海外へのダンピングには反対で、厳格な生産調整を主張した。それは、大恐慌の原因を基本的に国内経済の問題と見る彼の立場を反映していた。すなわち、タグウェル等は二〇年代のアメリカ人の購買力が製造業バブルを吸収するほどには拡大しておらず、この内需の相対的な伸び悩みこそが大恐慌の主因だと見ていた。この思考は、第一次大戦が生んだ戦債処理の不調が自由貿易を阻害し、世界経済の破綻を招いたとするフーバーの基本的な恐慌観と大きく異なるものであった。それゆえ、ローズヴェルトの政府は政権交代時に進行中であった、フーバー肝いりの一九三三年ロンドン経済会議に冷淡で、あっさりと金本位制からも離脱してしまう。

重ねて言うと、減反によって農産物価格を支持する農業調整法は、もともと海外から安い農産物が供給されないことを前提としている。それは一種の経済ナショナリズムの政策であるが、同様の傾向はのちに見るニューディールの労働保護政策や失業対策が、低賃金の移民労働を度外視していたのにも共通する。すでに一九二四年移民法で、欧州やアジアからの移民は制限され、規制外のメキシコ移民は国外退去政策の強化やＡＦＬ系労組の排外運動などから大恐慌期に約四〇万人が帰国を余儀なくされていた。

失業者救済

百日議会は、失業対策に関する立法でも成果をあげた。農業調整法と同じ五月一二日に成立した連邦緊急救済法は、失業者の救済事業を行う州に対して連邦政府が総額五億ドルを供与するという画期的な内容だった。より正確に言うと、半分の二億五〇〇〇万ドルは、二〇年代のシェパード＝タウナー法の母子支援と同じく、各州の事業に対するマッチング・ファンドとして分配し、残り二億五〇〇〇万ドルは困窮者に直接給付する仕組みであった。また同法は連邦の救済プログラムを統括する連邦緊急救済局（FERA）を新設し、ローズヴェルトはニューヨーク州の社会福祉担当者であったハリー・ホプキンスを局長に選任した。青年期にクリスタドラ・ハウスで奉仕活動をしたホプキンスは、パーキンス労働長官（ハル・ハウス）らと同じく革新主義期のセツルメント運動の出身で、政治的には社会民主主義に近かった。

社会改革者としてのホプキンスの個性を表すひとつの事例として、彼がジャーナリストのロリーナ・ヒコックを救済局の職員に採用し、アパラチアの鉱山から南部の綿花地帯まで全米の貧困を実地に調査させたエピソードがある。実際ヒコックの報告をもとにホプキンスが推進した連邦の救済事業は、ニューディール全体の中でも特に人道的なものであった。だが、ホプキンス自身はかなり早い段階から、特に直接救済への限界を感じ始めていた。救済申請者の選考が各地域社会に委ねられていたことから、スクリーニングの過程で理不尽な人種差別や依存者としてのレッテル貼りが横行し、困窮者の人格を貶める事例が頻発していたからである。彼はまもなく「救済のスティグマ」を伴わない、事業救済方式（公的な雇用を活用した失業者救済）に傾斜していくことになる。

全国産業復興法

会期終了間際の六月一六日に成立した全国産業復興法（ＮＩＲＡ）も百日議会のもうひとつの目玉であった。同法はおそらく三つの異なる要素からなる法律であった。ひとつは、産業ごとに同業者団体を組織し、それぞれに生産量や価格、賃金等を定めた「公正競争規約」を作らせるものだった。各業界に、いわば「自主規制」を求めることで、過剰生産とデフレを抑制しようというねらいであったが、同時に各業界の「規約」は法的拘束力を持つものとされ、監督機関である全国産業復興局（ＮＲＡ）が創設された。このコーポラティスト的な構想は一見してわかる通り、第一次大戦期の戦時産業局（ＷＩＢ）から二〇年代フーバー商務長官の産業政策へと受け継がれた「協同的国家」論とよく似たスキームであった。実際、ＮＲＡの局長には、元ＷＩＢ購入部長でＢ・バルークのジュニアパートナーと目されたヒュー・ジョンソン元陸軍准将が就いていた。また、同法の立法過程では、財界リベラル派のＧＥ社社長、ジェラルド・スウォープが起草した原案をもとに審議が進められてきたのであり、ここに経済界の対恐慌政策におけるひとつのコンセンサスを見ることもできよう。

だが、ＮＩＲＡ法に含まれた第二の要素、労働者保護条項（第七条ａ項）は、そうした経済界の改革論とは異なるコンテクストから挿入されていた。第七条ａ項が規定したのは、各業界が労働者の最低賃金と最長労働時間を定め、そのことを「規約」に明記すること、そして、労働者が自ら選んだ代表者で経営者と交渉する権利を承認することであった。この労働者の団結権、団体交渉権は、かつて第一次大戦下の労働政策で一般的に承認されながら、戦後「常態への復帰」を合言葉に有名無実化していたのであった。このような労働者保護条項には、恐慌勃発以来、全米に広がる労働不安を考慮しただけでなく、組合を認めることで労働者の交渉力を増大せしめ、ひいては彼らの所得を引き上げて、その潜在的な購買力を上昇させようという期待があった。ここにもまた、不況の原因を国内の過小消費に求めるローズヴェルト政権に支配的な恐慌観が表れてくる。

ＮＩＲＡ法に書き込まれた第三の政策は、連邦政府による公共事業に関するものだった。同法は新たに公共事業局(ＰＷＡ)を設置し、三三億ドルの予算を計上した。その後数年の間に、ＰＷＡ事業は一万一〇〇〇件以上の道路、ハイウェイを建設し、七五〇〇近い学校校舎を建てた。また、建設途上にあった当時最大級の水力発電フーバー・ダムに三八〇〇万ドルを供与してもいる。ローズヴェルト政権は、この前例のない大規模な連邦資金の投入とインフラ整備が冷え切った経済を再び活性化させ、大衆の購買力の増進にもつながる景気浮揚の「起爆剤」となると期待したのである。

事業救済と地域開発

連邦政府による公共事業は、百日議会のなかでまた別の系譜の事業としても立ち上がっていた。例えば三月三一日には、緊急資源保全法が成立し、翌月より同法に基づく民間資源保全隊(ＣＣＣ)という組織が発足した。ＣＣＣは失業中の若い未婚男性を対象に、国立公園等での植林や施設建設の仕事に従事させるプログラムであった。最盛期には三〇万人に達した参加者はキャンプ生活が基本で、集団での労働を通じて道徳的な健全性を回復できるといわれた。なお、ＣＣＣは黒人を排除しなかったが、一九三五年夏までに全キャンプは人種別となっていた。

一九三三年五月一八日に議会を通過したテネシー渓谷開発公社(ＴＶＡ)法もまた、連邦直轄の公共事業であった。それは緊急の失業対策であると同時に地域社会の経済開発に重心が置かれていた点が特徴だった。ＴＶＡは南部七州に広がる渓谷一帯に水力発電所を建設し、そこで生み出される電力によって、恐慌で荒廃した農村地帯を電化し、また窒素系肥料を生産して農業の近代化を図るものであった。加えてＴＶＡは、当該地区で失業者の雇用や産業誘致さらには住民の健康、衛生状態の改善にも取り組む、総合的な社会政策のパッケージでもあった。そして、南部農村に派遣された多くの専門家が、最新の農事技術や防災の知識を現地農民に伝え、営農と地域社会の再建に尽力するという、かつてのセツルメント運動にも似た草の根リベラリズムの側面を併せ持った。

青鷲運動と「強い薬」

以上みてきた百日議会の立法群には、フーバーの産業自治論を引き継ぐものから、巨額の国家資金を市場に投入するもの、さらには、革新主義の救貧、コミュニティ運動を彷彿とさせる「社会的な」政策など、実に多様な理念とアプローチが存在していた。しかし、法案のほとんどすべてが政府によって細部まで立案され、きわめて短期間の審議で成立した点、また、どの政策も独立した行政機関の設置を求めた点で共通していた。この行政主導は、一九三三年秋以降の政策実施の局面で、にわかに際立ったものとなっていく。

九月初めに、全国産業復興局のH・ジョンソンが立ち上げた「青鷲運動《ブルー・イーグル》」にはそのようなニューディールの個性がよく表れていた。青鷲運動とは、NRAのカルテルを完全なものとするために、「規約」への参加と遵守をあまねく民間企業や個人事業主に求めた官製キャンペーンである。運動は七七の業種にわかれて組織され、加盟者には「NRA――自分の役目を果たします！」と印字されたピンバッジや店舗用のバナーを配布、非加盟者との差異化が図られた。また、ニューヨークなどの都市部では大規模なパレードが開催され、巨大な青鷲の彫像が展示された。それは明らかに第一次大戦期の愛国デモを模した大衆煽動であったが、ローズヴェルト自身も、青鷲バッジを夜戦兵の識別章になぞらえる発言をするなど、この手の国家「動員」

を正当化していた。

むしろ、こうした疑似総力戦的な政権構想は、一九三二年の選挙戦の最中から繰り返しローズヴェルトが口にしてきたことであった。早くは予備選挙前の四月のラジオ演説で、「この計画〔ニューディール〕は一九一七年の計画と同様下から積み上げられたものでなくてはなりません。トップダウンはよくありません。この計画は、経済ピラミッドの最底辺にいる忘れられた人々をもう一度信じることなのです」と語り、「忘れられた人々」——すなわち、職を失い、農場を追われたごく普通のアメリカ大衆の名のもとに、第一次大戦期同様のボランタリーな奉仕運動を組織する決意を示していた。

このように不況との戦いを国家間の戦争と同次元のものと仮構し、いたずらに危機を煽る言辞は、ローズヴェルトの就任演説（一九三三年三月四日）にも読み取ることができる。「我々が恐れなくてはならないのは、恐怖そのものだけです。……国民は行動を求めています。今すぐ行動せよと。……議会にもうひとつ危機への対処の手段を要請したい——緊急事態に対する戦争を行えるように行政権力を拡大してほしいのです」と。まず興味深いのは、この演説の中で新大統領は、「恐怖」という言葉を用いて、人々を緊急の行動へと駆り立てる。それは新時代の幕開けを告げる発話としては、いかにも不穏な脅迫の言葉だった。後から見返してみると、長いニューディールは「恐怖そのもの」にはじまり、ファシズムの「恐怖からの自由」、さらに冷戦下の「核の恐怖」へと、恐怖が人々の心理を支配し続けた時代だった。また、そのような緊迫した非常事態であるがゆえに、特に強力な行政国家と政策執行者が求められた時代であった。そして、ローズヴェルトは半ば確信犯的にアメリカ憲政の常道を踏み越えて、強権的な大統領となろうとした。

記憶されなくてはならないのは、当時の政治情勢にあっては、そうした全体主義への道ともとられかねない手法が、一定の支持を得ていた事実である。一九三〇年代にますます民主政への懐疑を深めていたW・リップマンは、ローズヴェルトの大統領就任に大きな期待をかけ、自身が担当した人気の新聞コラムで、「この〔大恐慌の〕状況には……強い薬が必要である」と書いた。つまり、「恐れるべき……危険は我々が自由を失うことではなく、必要なスピードと包括性をもって行動できないかも知れないことである」。要するに、不況を克服するには、「ソフトなかたちの独裁制」が必要だというのだった。こうした議論には、伝統的な議会を中心とした熟議民主主義がいかにも即応性を欠くという認識があり、そのことは百日議会の極端に短い審議時間を容認する土壌となった。

2　ニューディール連合の形成

ニューディールへの反発と混乱

だが、そうした強面の自己主張とは裏腹に、初期のローズヴェルト政権は独裁とはほど遠く、多方面からの厳しい反発に直面した。ひとつは産業界の中から現れたNRA体制への不満だった。NIRA法第七条a項の労働者保護への強い抵抗があり、「規約」をとおした国家行政の介入を忌避する雰囲気が醸成されていたのだ。なかでも、三四年四月に鶏肉販売業界に成立した「規約」に関して、政府が違反業者を提訴した事件では、紛争が最高裁まで持ち込まれた挙句、政府が敗訴するという事態に発展した（シェクター鶏肉会社対合衆国裁判）。一九三五年五月に出された最高裁判決は、NRAが「規約」を当該業界の成員に強制する行為は、本来立法府に帰属する権限であり、憲法が定める行政の範疇を逸脱するというものだった。もしこの判例に従うなら、百日議会で生まれた無数の独立行政機関はいずれも憲法に違反し、無効とならざるを得なかった。

ニューディールへの反発は、「忘れられた人々」の側からも噴出した。例えば一九三四年はじめ、連邦上院議員のヒューイ・ロングは「我らの富を分かち合おう《シェア・アワー・ウェルス》」クラブという政治運動を旗揚げし、富裕層への増税と徹底した再分配を主張した。ロングは地元のルイジアナ州でカリスマ的な人気を誇っただけでなく、そのシンプルな改革案は瞬く間に各地に広がっていった。また、カリフォルニアの医師、フランシス・タウンゼントは六〇歳以上の市民に毎月二〇〇ドルを支給する老齢年金案を提唱し、この年金プランの普及を目指す団体は全米で三四〇〇にも達した。

さらに、ラディカルなグループもニューディールを攻撃した。アイオワ州の農協から派生した農民休日連盟は、農業調整法の生産制限を批判して一九三三年一〇月から農産物の出荷を拒否する運動を開始した。政府は減反ではなく、農産物の生産コストから割り出した適正価格（生産費）を無条件で保障するべきだというのが、その主張だった。また、ミネソタやウィスコンシンで強い影響力を持った労農革新主義の第三政党運動も、社会保障や集産主義の路線を求めて、ローズヴェルトの保守性を論難した。さらに加えて、南部の綿花地帯では、黒人の刈分け小作農の抵抗があった。農業調整法の制度下では、減反の補償金は土地所有者である地主に対して支払われたので、同法は結果的に大量の小作契約の解除と農業労働者の解雇を生むことになった。彼らは、三四年七月、南部小作農連盟（STFU）を結成し、貧農への土地の再分配という急進的な要求を掲げて戦った。

これらの問題が深刻なのは、それがニューディールに対する思想的な反発やサボタージュではなく、ローズヴェルトの改革政治それ自体に起因したことだった。同様の、ニューディールの「成果」からくる混乱は、労働運動の領域でも起こっていた。すなわち、NIRA法第七条a項は、特に未組織の産業で労働者を刺激し、例えば統一鉱山労組の組合員数は四倍近くに増大した。また鉄鋼業や自動車産業は、旧来の従業員代表制（企業組合）を整備することで「規約」をやり過ごそうとしていたが、一般の労働者の間には独立した産業別組合を求める声が強かった。一九三四年には、全米各地で労働者組織の形態をめぐる紛争が続発し、ローズヴェルト等が当初想定していたアメリカ労働総同盟（職業別組合）との提携路線を越えたところにまで事態は進展していた。百日議会の成果を永続させるためにも、また二年後に迫った二期目の大統領選挙を乗り切るためにも、ローズヴェルト政権には何らかの対応が迫られていた。

福祉国家へ――ＷＰＡの夢

一九三五年春から夏にかけて、ニューディールは再び活性化し、次々と急進的とも見える政策を打ち出していった。この展開を見ると、ローズヴェルトが真の脅威を、保守的な産業界や裁判所ではなく、ラディカルなポピュリズムや草の根の運動に感じていたのは明らかだった。まず五月六日、政府は緊急救済局を改編し、同じくホプキンスを長とする事業促進局（ＷＰＡ）を創設した。ＷＰＡは事業救済理念を受け継ぐもので、連邦が起こした公共事業に大量の失業者を雇用した。ここにホプキンスが受給者へのスティグマを危惧した直接救済方式は廃止されることになる。

ところで、のべ八五〇万人の失業者を雇用したＷＰＡのプログラムが特に目新しかったのは、

図 4-1　ニューディールが包含した左翼労働文化を伝えるデトロイト公立図書館の壁画. メキシコの画家, 革命家ディエゴ・リベラによる

大恐慌の打撃を受けた芸術活動を組織的に援助した点であろう。絵画、音楽、演劇、文学の四部門で数千人の芸術家が資金を得て、斬新な創作活動を展開した。それは、メキシコから招聘された左翼の壁画画家ディエゴ・リベラが加わるなど、前衛的な労働文化の表現の場ともなった。同様の芸術家支援はニューディールの他の機関でも行われた。例えば、農業安定局（FSA）の写真プロジェクトは、ドロシア・ラング等に機会を与え、その結果、大恐慌の克明な図像記録が残されることになった。ラングは、第二次大戦期にはマンザナーの日系人収容所に入り、収容者に同情的な眼差しからその日常を撮影しており、今日当時を知る貴重な歴史資料となっている。

WPAは青年層の就学援助にも力を入れた。一九三五年六月に設置された全国青年局（NYA）は、高校、大学に在学する若者に、校内の雑務を割り当てる代わりに奨学金を支給し、また職業訓練のプログラムを受講させた。NYAは、同じく青年層の救援を目的としたCCCとは異なり女性を排除せず、メアリー・ベシューンが黒人学生部門を運営した。NYAは各州に支部を置き、地域のイニシアティヴを重視したが、その中には弱冠二六歳でテキサス支部長に抜擢されたリンドン・ジョンソンのような次世代のリベラルも含まれていた。

このように、WPAのプログラムは多岐にわたったが、歴史的に見て重要なことは、この中で、はじめて黒人の失業者や学生が巨大な社会政策の受益者として包摂されていったことである。そのことは、これまで基本的にリンカンの政党である共和党を支持してきた黒人が福祉国家路線の民主党に鞍替えする歴史的な転換を促した。しかし、その一方で、あくまで失業対策であるWPA公共事業は、民業圧迫の懸念から、その最低賃金を各地域の慣行に従わせる政策をとったため、とりわけ南部では、人種ごとに異なる二重の賃金を容認することになった。黒人の社会的、経済的平等をいかに確保するかという問題は、なお次の課題として残される。

ワグナー法とCIO

一九三五年五月末に前述の最高裁シェクター判決でNIRA法に違憲が宣告されると、ローズヴェルト政権は、これを上書きするかのようにより尖鋭化していった。政府の議会への働きかけは積極的で、七月五日には、新たに全国労働関係法（ワグナー法）を成立させて、NIRA法第七条a項の労働者保護を徹底した。なかでも同法は労働関係委員会を新設し、経営者による従業員代表制の導入や労働組合との交渉拒否を不当労働行為として取り締まるようになった。このように恒久法として、労働者の団結権、団体交渉権が確立したことは、労働運動にかつてない追い風となった。労働組合員数は第二次大戦までにおよそ三倍になり組織率も三〇％近くまで上昇する。特に、これまで未組織であった、自動車や鉄鋼などの大量生産産業で産業別の組合が次々に誕生し、同年一一月には産業別労働組合会議（ＣＩＯ）という全国組織が結成された。

ＣＩＯ産別組合の台頭は、アメリカ政治史のなかで極めて重要な意味を持った。ひとつはこの不熟練、反熟練の労働者団体が、ニューディール民主党の最も有力な集票組織となったことである。ワグナー法によって、労組は福祉国家コーポラティズムの一角を占めるようになり、他方、民主党リベラル派は、一九七〇年代に至るまで労働組合の組織票に依存し続けることになる。第二にＣＩＯへの大量生産産業労働者の糾合は、その多くを占めた新移民とその子供世代の国民的包摂と密接に関わっていた。研究者リザベス・コーエンは、一九三〇年代に南・東欧系の新移民がＣＩＯ労組を媒介として、全国的なニューディール政治に能動的に参加した事実を重視する。コーエンによれば、一九二〇年代の移民の生活は、非常に過渡的であった。一方において、彼らは大衆文化の消費者として、「平均的アメリカ人」の文化や価値を享受するようになったが、同時にカトリックの教区やイタリア語の映画館が提供した民族的な文化紐帯も生き続けていた。また経営者の家父長主義的な福祉資本主義が移民の消費生活を支えた一方で、エスニックな互助会や保険事業もセーフティネットとして機能していた。しかるに、大恐慌はいずれの文化的、経済的な基盤をも吹き飛ばしてしまったのであり、一九三〇年代の移民大衆はＣＩＯと民主党にセキュリティを求めるほかなく、その過程でついにエスニックな境界を越えて全体社会に参入していったというのだ。

こうした議論は、アメリカ最大の産別労組、合同被服労組の委員長で、ＣＩＯの大幹部となるシドニー・ヒルマンが一九三四年に「〔経済的な〕セキュリティの要求こそが現代人の生活の中心的な論点だ」と述べたことと深く関わっている。つまり、ワグナー法とＣＩＯの躍進は必ずしも、かつてのような民族的な紐帯に裏打ちされた労働文化を生んだわけでも、革命的な労働運動を志向したわけでもなかった。そうではなく、アメリカ人としての消費生活を基礎づける経済的な保障こそが団結の本質だというのであった。そしてそれは、労働者と経営者の力関係を均衡させることで、労働者の「購買力」向上を図り不況を乗り越えようというニューディール政策策定者の思考と表裏一体のものであった。

社会保障法

「第二の百日議会」と呼ばれたこの第七四議会でもうひとつの目玉となったのは、一九三五年社会保障法であった。八月に成立した同法は、元ハル・ハウスのレジデントで初の女性閣僚となったフランシス・パーキンス労働長官を中心に練られてきたもので、その内容は、①社会保険、②困窮者の救済(生活保護)の二つを大きな柱とした。さらに社会保険には、失業保険と老齢年金があり、生活保護には要扶養児童手当と困窮した高齢者、視覚障碍者の救済が含まれた。

まず失業保険は、税制上の優遇措置などによって各州に独自制度の導入を促すかたちをとった。それゆえ、全国にきわめて多様な失業保険が並立し、州を越えた労働力移動を妨げる恐れもあった。だが、その一方で、憲法上の地方自治の原則を守りながら、一時的な失業に対する連邦政府の責任を明確にすることができた。次に、老齢年金の最大の特徴は、本人負担金(保険料の払い込み)を基礎とする制度設計にあった。それは事実上、逆進的な徴税に等しいものであったが、そのおかげで年金の受給はある種のエンタイトルメント(権利)と認識され、次に見る生活保護の社会的スティグマとは無縁であった。むしろより大きな問題は、ニューディールの老齢年金が、カバーする対象を非常に狭く限定していたことである。適用除外とされたものには、農業労働やメイド、パートタイム労働など、黒人や女性が多く就業した職種が含まれ、総勢九四〇万人の労働者が社会保険の外に放置された。

困窮者の直接救済に関しては、要扶養児童支援(ADC。後のAFDC)としてシングルマザーの貧困対策がこれに含まれた。これは、すでに革新主義期に萌芽の見られた母性福祉の系譜を継ぐもので、出産、育児といったジェンダー・ロールを当然視したうえで、社会的弱者となった貧しい母親を「福祉」で保護しようというものである。しかし、上記の規定により、約六〇%の女性労働者を社会保険の埒外に置きながら、困窮した母子に対して、地域行政による過酷な収入調査を課し、依存者の烙印を押すやり方は、それが本来、性差を問わないはずの一般的な福祉国家の形成過程で行われたがゆえに深刻であった。女性史家ナンシー・コットは、結局のところニューディールが生み出した「労働する権利」や「快適な暮らしを営む権利」は白人男性のものであり、社会保障法は「夫であり一家の稼ぎ手である男性市民と、母親であり被扶養者である女性市民を最初から峻別する」ものだったと指摘した。

しかし、それにもかかわらず、この不況のなかで、三〇年代末には約七〇万の母子家庭がADCを受けて生活を維持し、四〇年代初めには老齢年金の支払いが始まったことはやはり評価すべきである。たしかに、政策策定者の思考のなかには、旧い母性主義へのこだわりだけでなく、女性と高齢者をタイトな労働市場から遠ざけようという考えもあったかもしれない。だがここに、未だ不十分なものであったとしても恒久的なセーフティネットが個人主義の国アメリカにも築かれつつあった事実はなお重い。そして、それは政治的には、ローズヴェルト政権が最も恐れた草の根ラディカルのオルタナティヴを粉砕する効果を持ったであろう。

ニューディール連合

一九三六年一一月に行われた、ローズヴェルト二期目の大統領選挙は、彼の地滑り的勝利となった。一般投票で六〇・八％を得票した民主党ローズヴェルト陣営は、全四八州のうち四六州を制し、選挙人票では五二三対八票と共和党候補に大差をつけた。ロングやタウンゼントの支持者は、中西部の労農党勢力と連携して、独自の大統領候補を擁立したが、その得票率は二％にも満たなかった。ニューディールはあえて老齢年金や再分配政策を導入することで、左右の急進主義者からの反発を解毒し、体制内化することに成功したのだった。またこの選挙では、全体の投票率が六一％に達するなど、選挙民各層の積極的なコミットメントがあったことも付言してよい。この数字は、ほぼ二〇世紀初頭の水準を回復しており、特に民主党が凄まじい求心力を発揮したことが窺われる。民主党は同日行われた議会選挙でも大勝し、選挙後の議席は下院で三三四対八八、上院でも七四対一七と共和党を圧倒した。

このローズヴェルト民主党の制覇は、複雑な利害を有する多様な政治勢力の大同団結の産物だった。以下にニューディール連合と呼ばれたこの統一戦線の構成を大まかに示しておこう。①民主党・都市政治マシーン（ホワイトエスニック）、②労働組合（ＣＩＯ／ＡＦＬ）、③中西部・南部農民、④都市部の左派知識人、⑤北部黒人労働者、⑥南部民主党（人種隔離主義者）。一見して誰もが思うように、この連合体のすべての要素に共有される理想なり、イデオロギーなりを見出すのは不可能である。なかでも、ニューディール・リベラルが唱えた平等主義は、南部民主党の根深い人種主義と相容れるとは到底思えない。実際、ワグナー法の起草者、ロバート・ワグナー上院議員は、一九三四年に反リンチ法案(リンチ事件の訴追を義務化)を議会に提案していたし、CIOは黒人労働者を積極的にリクルートする方針をとり、未組織状態の続く南部の二重賃金を特に問題視していた。これに対して、南部民主党幹部は、黒人の隔離された低賃金労働を維持することこそが、彼らが支配する社会秩序の源泉だと考えており、差別の温存を要求した。しかし皮肉なことに、三五年以降、急進化したとされるニューディールが最も堅く提携した相手は、まさにこの南部民主党勢力であった。

南部では、一八七七年に連邦軍が撤退して以来、復活した民主党があらゆる公職を独占してきた。それゆえ、南部選出の連邦議員はほぼ民主党員で占められ、しかもその当選回数は非常に多くなる傾向があった。それは先任権ゆえに、南部民主党が主要な議会委員会の議長職を占有することを意味した。ローズヴェルトは重要な法案を通すときには必ず、南部民主党の協力を仰がねばならなかったのである。他方、南部にとってもニューディール政策はなくてはならないものだった。南北戦争後、国内最大の貧困地帯となった南部諸州は、大恐慌による経済被害を最も深刻に受けた地域だった。連邦緊急救済局のヒコックの報告によると、都市部のアラバマ州バーミンガムでは、恐慌下に失業を免れたのはわずか八〇〇〇人だけで、ジョージアの農村にいたっては「半ば飢餓状態の白人と黒人が……犬の餌よりわずかな食物と、犬小屋よりも粗末な家屋を奪い合っていた」という。南部の政治指導者は、この壊滅的な地域経済を立て直すために、ニューディールの公共事業や開発投資に深く依存した。まさにアラバマやジョージアを含む南部七州をカバーするTVAが、初期ニューディール最大の計画として実施された背景には、こうした文脈もあったのだ。

勝利の代償

ただし、この矛盾に満ちた同盟関係を核とした、ニューディール連合が維持できたのは、結局のところ、人種や民族文化についての立場の違いが、異質なものの呉越同舟を破綻させない程度にしか重視されなかったからだ。その点は、ローズヴェルト大統領自身の反リンチ法案（コスティガン＝ワグナー法案）への、冷淡な態度にはっきりと見て取れる。一九三四年に提案された同法案は、結局一度もまともに審議されることなく、三八年に廃案となった。この扱いに抗議し、大統領と面談を求めたＮＡＡＣＰのウォルター・ホワイト代表によると、ローズヴェルトはこう語ったという。すなわち、「南部は議会の先任権により、上下両院のほとんどの委員会で議長職か戦略的ポストを握っています。今、反リンチ法を通そうとすると、彼らはアメリカ人を窮状から救うための全法案を妨害するでしょう。私はそのようなリスクをおかすことはできません」と。ある黒人団体の指導者は、「黒人は依然として最も忘れられた人間である」とニューディールへの失望を露わにしたが、当面そうした声は黙殺されることになろう。

何となれば、広範なニューディール連合を接合していたものは、文化的なナショナリズムやまして社会公正の希望などではない。おそらく、S・ヒルマンの言う集合的な「経済的セキュリティ」の要請こそがはるかに重要なコンセンサスであった。そもそも、そのような政治連合が可能になる前提として、この時期のアメリカの人種・エスニック関係が歴史上例を見ない「安定期」にあったことも指摘してよい。一九二〇年代中葉までに、人種隔離と南部の黒人投票権剥奪はほぼ完成し、包括的な移民制限法によってエスニック問題への関心は薄らいでいた。すなわち、一九六〇年代に至る民主党の長期支配を支えたニューディール連合は、これにやや先行して確立するアメリカの二〇世紀国民秩序を基礎にして成り立っていた。例えば、労働史家ジェファソン・カウィが指摘するように、当時急成長したＣＩＯ労組が白人ネイティヴと南・東欧系の新移民、そして黒人労働者をも糾合し、全国政治に大きな力を持てたことは、歴史的に人種・民族による分断に苦しみ続けたアメリカ労働者大衆にとっては「例外」的な経験だったのである。だとすると、その「例外」を支えた経済的セキュリティの連合においては、いずれ再燃する人種や民族をめぐる闘争は最も大きな潜在的脅威であった。

最後の改革

民主党が大勝した一九三六年選挙後に招集された第七五議会(一九三七―三九年)は、複雑かつ両面的な展開をしめした。この議会は一面においては、これまでのニューディール改革の集大成となるものだった。三七年七月には小作農の土地購入を支援するバンクヘッド＝ジョーンズ借地農法が通過し、九月には低所得世帯の住環境改善のための公営住宅法(ワグナー＝スティーガル法)が成立した。また、翌三八年に制定された公正労働基準法(FLSA)は、NIRA法第七条a項の児童労働禁止を再度条文化し、最低賃金、最長労働時間、超過勤務手当についても、これを厳格に定めるものであった。同法の規定が、革新主義期以来の労働基準規制の限界を乗り越える画期的なものであったことは論を俟たない。

このような社会政策の立法化に成果が上がる一方で、一九三七年の議会はニューディールのつまずきの始まりとなった。ローズヴェルト政権は二月、裁判所改組法案を提出し、最高裁判事の増員と定年制導入を示唆した。これまでに最高裁は全国産業復興法や農業調整法に違憲判決を出しており、今後、ワグナー法や社会保障法に対しても同様の決定がなされる可能性があった。そのため、大統領が判事の構成に手を入れようとしたわけである。この三権分立の原則にもかかわる政治的なふるまいは、二方向の影響を残したと見られる。ひとつはローズヴェルト大統領への議会内外からの批判の高まりであった。大統領が独裁を目指していると、広く市民からも反対の声が上がり、結局法案は成就しなかった。

それにもかかわらず、裁判所改組法案のいまひとつの影響は、最高裁の判例に新しい傾向となってあらわれた。法案審議中の一九三七年三月、最高裁は一九〇五年のロックナー判決以来の方針を転換して、ワシントン州の最低賃金法に合憲判決を出した。また最高裁は、四月にはワグナー法に合憲判決を出し、五月には社会保障法についても憲法上有効であると宣告した。これ以降、連邦最高裁はおよそ半世紀にわたって、議会の社会経済立法に違憲判決を出すことはない。ここにニューディールの主要な成果は、恒久的な制度として定着していった。

しかし、裁判所改組問題はローズヴェルトの求心力を急速に減退させた。また、三七年秋に始まる二度目の経済後退も、これまで順調に経済回復を進めてきたかに見えたニューディール政策への信頼を失墜させた。この一連の事態は、議会内では保守勢力を活性化することにつながった。特に注目すべきは、南部民主党の一部が共和党保守派と結びつき、アドホックな反ローズヴェルト同盟を築き始めたことである。彼らは、一九三七年末には「保守派宣言」なる文書を採択し、減税や反福祉、均衡予算といった「小さな政府」への回帰を主張した。とりわけ南部勢力は、一九三八年公正労働基準法が定める最低賃金が南部の平均的な黒人の賃金を上回ったことから、左翼的なニューディーラーに脅威を感じるようになる。

こうした議会の反動化の流れのうちに、一九三八年、非米活動委員会なる反共、反リベラルの調査機関が下院に創設された。この委員会を牛耳ったのは、南部民主党の中心人物でテキサス州選出のマーティン・ダイスであった。ダイスは、ホプキンスやパーキンスら政府内の左派リベラルを目の敵にし、一九三九年以降、特にWPAの芸術家支援プロジェクトを攻撃の対象とした。この非米活動委員会がこの後、第二次大戦期から冷戦期にかけて、各種公聴会を通じてリベラルの市民的自由を過酷に抑圧した事実はよく知られるところである。ここに至り全国民を巻き込んだ改革政治としてのニューディールは幕を閉じようとしていた。

だが、一九三七年不況は二九年のそれより苛烈ですらあり、なお失業者は一〇〇〇万人を下らなかった。そしてこの間、国外では三六年にスペイン内戦がはじまり、三七年には日中戦争が勃発、三九年九月にはドイツ軍のポーランド侵攻によって第二次大戦がはじまった。経済復興の残された課題は、ニューディールが創り出した新しい福祉国家の構造を基礎としつつ、ますます軍事的な安全保障の論理の中で取り組まれるようになる。

3　善隣外交から第二次大戦へ

ニューディール外交の葛藤

ローズヴェルト政権が、その発足時において国内対策に専念するとして、きわめて消極的な外交姿勢を示したことはすでに記したとおりである。そのため、イギリス帝国のブロック経済化を阻止しようとフーバーが提案したロンドン経済会議は、空中分解したのであった。だが、ニューディール内にはコーデル・ハル国務長官をはじめとする自由貿易論者が存在し、一九三四年六月には、彼らが主導して互恵通商協定法が成立した。同法は、従来議会が保持してきた関税交渉の決定権を政府に付与し、五〇％を限度に関税を引き下げられると規定した。これによってローズヴェルト政権は、二〇年代から続く高関税政策を転換し、戦後のブレトンウッズ体制につながる貿易自由化の流れをつくったのだった。

ところで、互恵通商法が適用され、最恵国待遇となった国の多くは、中南米の国々だった。ローズヴェルト政権は、こうした友好的な関係を西半球諸国と結ぶ「善隣外交」を推進したが、このアプローチは、海兵隊による軍事介入が絶えなかったかつての島嶼帝国主義とは、大きく異なっている。実は変化の兆しは、二〇年代の共和党政権の対カリブ海政策にあった。外交の経済的側面を重視した共和党の政府は、一九二四年に海兵隊をドミニカから撤収し、三〇年にはかのモンロー・ドクトリンのローズヴェルト系論を撤回することを公式に表明（クラーク国務次官メモ）。三三年一月にはニカラグアからも最終的に撤兵した。

ニューディールの善隣外交は、こうした前政権以来の政策を引き継ぐもので、三三年一二月、ハル国務長官が第七回パン・アメリカ会議でアメリカの内政干渉権を否認するや、三四年五月、対キューバ・プラット修正を廃棄し、八月にはハイチからも撤兵した。またこの年には、タイディングズ＝マクダフィー法が制定され、一〇年後のフィリピン独立が約束された。ここに明らかなのは、大恐慌に呻吟するアメリカ帝国が植民地経営の重荷から逃れようとする姿であった。米西戦争以来のアメリカ島嶼帝国は二〇世紀半ばに至り、急速に通商重視の非公式帝国に変わろうとしていた。

ただし、この帝国の「変質」が、長きにわたる支配—従属の恩讐を忘却させたわけではなかった。例えば一九三八年にはメキシコ政府が突如、外国資本が所有する油田を国有化するという事態が発生している。外資の低賃金に不満を募らせたメキシコ人労働者のストライキを奇貨として、時のカルデナス政権は、メキシコ産石油の約三〇％を採掘していたスタンダード石油系企業（現在のシェヴロン社）の資産を接収し、新設の国営メキシコ石油会社（ＰＥＭＥＸ）に編入した。米国政府は対抗措置として、一時メキシコ銀の禁輸等も仄めかしたが、結局、米系企業に対する速やかな資産補償（約二九〇〇万ドル）を条件に国有化を認めた。この中米での紛争は、後にアメリカが中東の石油に依存するきっかけを作るなど大きな影響を残した。だが、アメリカがかつてのような軍事介入を控え、隣国との友好関係を維持する道を選んだのも事実であった。

もっとも、この全般的なアメリカの「非公式帝国」化の過程で、なおキューバのグアンタナモ湾、パナマ運河地帯、フィリピン・マニラの軍事基地が維持強化されたことも忘れてはならない。アメリカは植民地の自立を促しながら、グローバルな基地ネットワークとしての防衛網を築き始めていた。この新たなジオ・ポリティックスが第二次大戦から冷戦へと続く二〇世紀後半の世界構造にきわめて大きな意味を持つことは言うまでもない。

一九三〇年代には、こうした植民地問題の清算と西半球政治の再編とも結びついて自由貿易政策が影響力を増すが、その一方で、風雲急を告げるヨーロッパ情勢との関係においては、むしろ強固な孤立主義が支配的であった。それは「無益な戦争」と第一次大戦を否定的に回顧する国民感情を反映したものでもあった。議会では一九三四年から三六年にかけて、上院特別調査委員会(ナイ委員会)が、第一次大戦への参戦決定の背後に軍需の巨利をむさぼるデュポン社等の大企業の陰謀があったとする疑惑を検証した。また一九三五年八月には、あらゆる交戦国に対する武器禁輸を定めた中立法が制定された。中立法は漸次厳格化され、三六年の改定では交戦国に対する借款を禁じ、三七年法ではスペイン内戦への深入りを恐れて、内戦にも禁止事項を適用することとした。この流れが変わるのは、三九年九月の第二次大戦勃発後であり、ようやく一一月に成立した第四次中立法で「現金支払い・自国船による輸送」を条件に武器禁輸を解いた。だが当面、アメリカ自身はこの戦争から距離を置く中立政策をとらざるをえなかった。一九四〇年一一月、史上初となる大統領三選を実現したローズヴェルトは、「アメリカの若者を海外の戦争に送らない」を選挙公約としていた。

四つの自由

ローズヴェルト大統領自身が、おそらくはじめて明確な言葉で参戦の意図を語ったのは、翌四一年一月の一般教書においてであった。冒頭ローズヴェルトは「アメリカの安全保障が今ほど外部からの大きな脅威に晒されたことはない」と危機感を煽ったうえで、「もはや我々は慈悲深い心を持つ余裕などない」と戦争が不可避であることを示唆した。そして大統領は来るべきアメリカの戦争の大義を「人類の欠くことのできない四つの自由」――すなわち、①言論と表現の自由、②礼拝の自由、③欠乏からの自由、④(侵略の)恐怖からの自由、に求め、これを「(日独伊三国同盟による)専制政治の新秩序の対極に」位置づけた。重要なのは、「四つの自由」の理念がアメリカの国家的目標であるばかりか、「世界のあらゆる場所で」実現されるべき理想として語られたことである。例えば、四つのうちで最もニューディール的な「自由」である「欠乏からの自由」は次のように敷衍された――「それは、世界的な観点から言えば、あらゆる国で、その住民の健全で平和な生活を保障するような経済的合意を意味」する、と。この教書はアメリカがついに孤立主義を脱し、世界政治に本格的にコミットする決意の言葉でもあった。後に戦時下に政府プロパガンダを管掌した戦時情報局（ＯＷＩ）は、流行画家ノーマン・ロックウェルに四つの自由を図像化させ、戦時公債の販促活動を通じて、広く国民各層にこの理念を周知していくことになる。

第二次大戦へ

一九四一年のアメリカは中立を保ちながらも、着々と参戦に向けて環境を整えていったように見える。二月には、著名なマスコミ人ヘンリー・ルースが、自ら発行する『ライフ』誌上に、「アメリカの世紀」なる論文を発表し、保守的な共和党支持者の立場から、孤立主義の超克を訴えた。今やアメリカは「世界で最も強力で生命力のある国」なのであり、積極的に世界を指導する責任がある。「我々は世界の大国としてのアメリカのビジョン」――すなわち、世界貿易の活発化と専門知・先端技術の海外移転により、「もっと豊かな生活」を世界に普及し、「自由と機会均等、自己信頼」といった「アメリカの信条に捧げる」、そんな戦後構想を推進せねばならない。この「〔世界の〕自由と正義の発電所」としての自国の役割を強調したルース論文は、「四つの自由」の普遍主義とはやや異質な愛国レトリックでもって、参戦に向かう世論形成に多大な影響を与えた。

また、続く四一年三月にはソ連を含む連合国に武器の貸与・譲与を認める武器貸与法が議会を通過した。さらに五月二七日、大統領はラジオの炉辺談話で「戦争は西半球の縁まで近づいてきています」と語り、戦時と同じ権限を大統領に与える緊急事態宣言を発布した。アメリカ政府はすでに前年一〇月、平時としては初めての徴兵を開始していたが、ここに憲法上の妥当性は別として、事実としての準戦時体制とも呼ぶべきものが現出していた。

さらに、この一九四一年八月には英首相チャーチルとローズヴェルト大統領との会談が行われ、「大西洋憲章」が採択された。同憲章では、民族自決や自由貿易、恐怖と欠乏からの自由、さらには安全保障体制の構築などが列挙され、この公約はいずれ連合国側の戦争目的(一九四二年一月、連合国共同宣言)の地位を得ていくであろう。ところで、この会談での主題の一つは、直前の時期に南部仏領インドシナ進駐を断行した日本への対応協議であった。アメリカは在米の日系資産の即時凍結と石油の全面禁輸で応じたが、この措置は日本の態度を硬化させた。日米交渉は難航し、一一月末、日本の中国およびインドシナからの撤退を求める「ハル・ノート」がアメリカ側から手交されるに及び、日本政府は対米開戦を決意した。一二月七日朝、日本軍がハワイ真珠湾の米海軍基地を空爆。翌八日、アメリカ議会は上院八二対〇、下院四八八対一で日本への宣戦布告を決議した。唯一の反対票を投じたのは、かつて第一次大戦の参戦にも反対票を入れた初の女性議員J・ランキンであった。その三日後の一二月一一日、アメリカは独伊とも戦争状態に入り、ここに英国、ソ連との「大同盟」の一員として、反枢軸国の世界戦争に参加したのだった。

「よき戦争」か？――戦争と社会

参戦にともなう国家動員は甚大な影響をアメリカの市民社会に及ぼした。まず連邦政府が総額一六〇億ドルの軍需生産への投資を行うなど財政支出は急膨張し、そのことはアメリカ経済復活の呼び水となった。一九四二年には戦争バブルとも言いうる好景気が到来し、人々はついに過去一〇年以上にわたって囚われてきた失業の恐怖から解放された。ところで、一八三〇億ドルとも言われる巨額の軍需は、その約五〇％は企業規模上位三三社によって受注された。なかでもフォードやUSスティール、GEといった巨大企業は、軍との契約を通じて莫大な収益をあげた。後に軍産複合体などと揶揄される大企業と連邦政府、わけても軍との密接な関係が、戦時下に築かれていったのである。

戦争景気は労働運動においても強い追い風となった。AFL、CIOの両組合とも戦時のスト権放棄と引き換えに政府からその地位を保護され、組合員数の合計は終戦までに一四三二万人に達した。そして全国労組は、大企業の場合と同じく政府と密接な互酬関係を結んでいった。二億五〇〇〇万着の軍服生産を担った合同被服労組の委員長にして、CIO副委員長のヒルマンが、軍需産業の監督、物資調達の統轄をになう生産管理局（OPM）副局長、戦時生産委員会

（WPB）労働局長を歴任したことは両者の関係を如実に示していた。ヒルマンは、四三年にはCIO内に政治活動委員会（CIO－PAC）を創設し、与党民主党のための集票、献金を本格化するが、この運動こそが、一九四四年大統領選挙でのローズヴェルト四選を可能にした。ヒルマンの言う集合的な経済セキュリティ体制としての「ニューディール」はさらに確固たるものになろうとしていた。

総力戦下の軍事奉仕も人々の生活を変えた。一九四〇年九月に成立した選抜徴兵法は、第一次大戦期のそれと選抜のプロセスはほとんど同じであったが、登録者の総数は四三〇〇万人、入隊者は一五〇〇万人とその規模は約六倍となった。やはりこの新兵の中には多くのマイノリティが含まれ、新しい傾向としては約五〇万人のメキシコ系の兵士が加わったことがあった。また、先住民兵士も二万五〇〇〇人を超えたと見られ、太平洋、ヨーロッパ戦線、双方に派遣された。先住民は、一九三四年のインディアン再組織法で従来の土地割当法が廃止され、部族自治の再建へと向かいつつあったが、戦争動員は彼らがついに居留地を離れ主流社会に暮らすきっかけともなった。OWIは映画制作などをとおして、従軍経験が多様な人種・エスニック集団の国民統合に寄与していると繰り返しアナウンスしていたが、それには一定のリアリティがあった。

ところで今次の徴兵では、最終的に一〇〇万人以上の既婚男性が対象となった。政府内では免除プロセスで、扶養者の有無と職業的理由のいずれを重視すべきかという論争があったが、結局後者の主張が勝った。第一次大戦からの四半世紀の間に、父性や家族に対する考え方に一定の変化があったといえようか。さらにジェンダーに関していうと、第二次大戦下に約三五万人の女性が軍に志願し、陸軍女性部隊（ＷＡＣ）等の「補助」部隊に入隊している。女性の軍事奉仕をほとんど認めなかった第一次大戦とは大きく異なるものであった。また、女性は戦時下に過去最大の一九〇〇万人が賃労働に従事した。戦時人材局が「リベット打ちのロージー」という、軍用機工場で働く架空の女性熟練労働者を「自由の戦争」のヒロインとして喧伝したことは広く知られている。

このような第二次大戦の経済効果やリベラルな影響、そして大規模な政府広報は、戦後きわめて肯定的な戦争イメージを形成した。だが、この「よき戦争」と呼ばれる集合的記憶には、あえて忘却された事実、「忘れられた人々」が存在した。例えば、女性の社会進出についてみても、二〇〇万人とも言われる防衛産業の女性労働者は、戦後激烈なレイオフにあった。戦後の全労働力に占める女性の比率は、戦前と比して必ずしも増加していない。その一方で、景気の回復は結婚率、出産率を大幅に上昇させており、数十万の「ロージー」達は、五〇年代にはベビーブーマーの母となって、育児に専念せざるを得なかった。歴史学者デイヴィッド・ケネディは、一九六〇年代にウーマンリブ（女性解放）運動のベティ・フリーダンが難じた「女らしさの神話」は、実のところ、「戦争がアメリカ女性に残した直接的な遺産だった」と指摘したが、けだし至言と言わざるを得ない。総力戦が男女の平等を促したという事実はほとんど見当たらない。そして、「よき戦争」という公的記憶にとっての不都合な真実は、人種、民族問題の領域にさらに深刻な矛盾として横たわっていよう。

日系人の強制収容

アメリカ参戦直後に行われた日系人の強制収容は、まさに「自由の戦争」の大義を自ら否定する政策であった。まず、真珠湾攻撃があったハワイでは直後から戒厳令が敷かれ、日系人は一九四四年一〇月までの長期間にわたって軍の監視下に置かれることになる。一方アメリカ本土では、ついに戒厳令は発令されないが、一九四一年末から四二年初頭にかけて、西海岸の日系人の処遇について厳しい議論が噴出した。すでに、四一年の夏頃から非米活動委員会のダイス委員長などの右派論客は、在米日系コミュニティと日本軍の結びつきを危険視する主張を行っていたが、真珠湾攻撃後は、一九四〇年に超党派人事で政権入りしたスティムソン陸軍長官や西部地区防衛司令官ジョン・L・デウィットのような軍幹部、さらにリベラル派の知識人W・リップマンまでもが日系人の強制立ち退きを要求した。そうした中、連邦政府は、四二年二月一九日の行政命令第九〇六六号とそれに続く一連の軍命令により、西海岸の日本人移民三万三〇〇〇人と日系アメリカ人市民七万九〇〇〇人を全米一〇カ所の拘禁施設に収容した。さらに同政策を管掌した戦時移住局（WRA）は、四三年初頭、収容者の忠誠審査を行い反抗的な者をトゥール・レイク収容所等のより過酷な拘禁施設に移送した。

これに対して、フレッド・コレマツやゴードン・ヒラバヤシらの日系アメリカ人は、強制収容政策や関連する夜間外出禁止令等が、彼らの憲法上の権利を侵害していると裁判所に訴えていた。アメリカ市民的自由協会（ACLU）らの支援を受けながら進められた、これらの法廷闘争は、いずれも最高裁で敗訴するが、ビドル司法長官や数名の判事は異論を唱えていた。特に四四年一二月の最高裁コレマツ判決で提出されたマーフィー判事の少数意見は、日系人収容政策は人種差別にもとづくものであり、「現在我が国が交戦中の独裁国家による少数者集団に対する忌まわしくも卑劣な施策」と類似すると述べた。それはアメリカ民主主義の原則を毀損するばかりか、ナチスのホロコーストにも匹敵する

図 4-2　生まれ育った町を追われる幼い日系人兄弟(1942 年)．ドロシア・ラングにより撮影されるが，長く米国政府が隠匿．近年研究者により再発見

非人道的な政策だというのである。コレマツ判決の直後、政府はついに収容政策の終了を宣言する。

ダブルV

黒人の戦争経験にはさらに複雑なものがあった。第二次大戦が勃発しアメリカが「民主主義の兵器廠」となったことから、軍需を中心に新たな雇用が大量に生まれたが、そのことは約三〇〇万人と見積もられる南部黒人の北部工業都市への移住を促した。この「大移動」は、第一次大戦時の人口移動と同様に、移住先の労働関係、人種関係を著しく緊張させていた。そして、航空機等の防衛産業での賃金差別と軍の人種隔離は黒人の強い不満の種であった。一九四一年六月、市民権活動家のA・フィリップ・ランドルフは、これに抗議して五万人を動員する「ワシントン行進」計画を明らかにした。脅威を感じたローズヴェルト大統領は、二週間後、行政命令第八八〇二号により、連邦政府と契約関係にあるあらゆる企業で雇用に係る人種差別を禁止し、また、公正雇用実施委員会(FEPC)なる監視機関を立ち上げた。この政策は長い不作為の期間を経て、ついに人種関係の現状維持というニューディールの鉄則の一つに手が付けられた画期的なものだった。

だが、参戦後も南部でのリンチや軍隊内の人種差別は後を絶たなかった。自由の戦争のなかで差別が放置されている状況に、黒人のメディアや運動は強い不満を表明するようになる。なかでも黒人新聞『ピッツバーグ・クリール』が一九四二年二月七日付の紙面で「民主主義―二重の勝利（double victory）―国内と海外」というスローガンを掲げたことは特筆に値する。それは海外でのファシズム枢軸との戦いと国内の人種差別との戦いを同列に位置付ける、まさに「四つの自由」のレトリックを逆手に取ったような主張であった。このキャンペーンは「ダブルV」と呼ばれ、広範な黒人各層に支持された。さらに『ピッツバーグ・クリール』紙は同年五月、アメリカ黒人の経験をドイツのユダヤ人になぞらえて書かれたアダム・C・パウェルの論説を掲載し、これにより事実上の発禁となった。

もっとも、同種の表現は戦時下の黒人メディアに遍在した。例えば、NAACPの機関紙『クライシス』は一九四二年一一月の社説で、続発するリンチ事件を放置する政府の態度をさして「戦争努力のサボタージュであり、日本が極東の数百万の有色人種に影響力を拡大するのを容易にし……我が同盟者たる中国人に白人の民主主義への疑念を抱かせる」とし、「ヒトラーと東条を支援するものである」と断罪した。さらに、NAACPは、翌四三年の年頭報告では次のように述べて、人種問題のグローバル化を明瞭に指摘した。「戦争によって、人種問題は……世界史上例を見ないかたちで、ある特定の国や地域の問題から地球規模の問題となった」、それゆえ「連合国は人種政策にドラスティックな再調整を行わない限りこの戦争に勝利することはない」と。人種差別の存在は、「四つの自由」の戦争目的を裏切る「アメリカの矛盾」(ギュンナー・ミュルダール)であったばかりか、戦後のアメリカの世界戦略を左右する重要な課題とならざるを得なかった。

ニューディールの行く末

このように第二次大戦への参戦を通じて、様々なアメリカの国内問題がグローバルな文脈の上に展開されていった。そして、ここで争点となったのは、まさにニューディールの成果を戦後の世界政治にどう位置づけるかという議論であった。一九四二年五月、ニューディール左派を代表するヘンリー・A・ウォーレス副大統領がニューヨークの自由世界協会で重要な演説を行った。ウォーレスは次のように語った。「人は十分な食べものがあり、読書し思考し、対話する時間と能力があるのでなければ真に自由ではありえない」のであり、「アメリカと世界の他の国での……平均的人間にとっての欠乏からの自由」が達成されねばならない、と。それは、ニューディール福祉国家が追求した「社会的な権利」の必要を再確認するものだった。さらに、ウォーレス演説はこう続く。講和とともに、「アメリカやイギリスだけでなく、インドやロシア、中国、ラテンアメリカ……さらには、ドイツ、イタリア、日本においても普通の人がよりよい生活水準」を獲得せねばならない。そして、かかる経済復興は、新しい国際組織での多国間協議に任せるべきだと。ウォーレスはヘンリー・ルースの「アメリカの世紀」における一国覇権主義を意識して、戦後に立ち現れるのは、コスモポリタンな「普通の人の世紀」でなくてはならないと述べたのだった。

ところで、こうしたウォーレスの「欠乏からの自由」論は、ニューディール政権内のいわば党派的な経済政策論争を背景としたものでもあった。歴史学者アラン・ブリンクリーが明らかにしたように、一九三七年の二度目の不況以来、ケインズ流の積極財政政策を支持する勢力が連邦予算局を中心に台頭し、市場規制・再分配派の全国資源計画委員会(NRPB)と鋭く対立した。戦時経済への突入は財政派、計画派双方を活性化し、NRPBも『戦後‐保障に向けて――欠乏からの自由』(一九四二年)と『保障、労働、救済の政策』(同年)という二編の戦後構想をまとめ上げた。見苦しくない生活水準の公的な保障こそが個人の自由の要であると宣言するこれらの文書は、資本主義社会の改良を強く志向するものであり、当時アメリカ版ベバリッジ報告と称賛された。ウォーレスはこの計画派グループに近いリベラルであったが、さらにアメリカ国内のみならず、全世界の貧困撲滅が平和と安全保障につながるというグローバルな視野を持っていた。

だが、戦時下の急速な景気回復は、著しい政治の保守化をもたらし、財政派と計画派の関係にも影響を与えた。ウォーレスの自由世界協会演説の半年後に行われた中間選挙では野党共和党が大勝し、議会は下院で民主二二二に対して共和二〇九、上院でも五七対三八と勢力が拮抗する状況となった。この第七八議会は、リベラル左派の拠点でもあったWPAやNYA、CCCといったニューディール機関を次々に廃止し、NRPBも一九四三年六月の時点で活動資金を停止されてしまう。翌四四年六月には、復員兵に住宅購入資金や奨学金を供する兵士再適応法（GIビル）が成立するが、それがこの年通過したほとんど唯一の福祉立法であった。

同じ年、あらゆる国家による経済計画を全体主義的だと非難し、新自由主義に連なる経済理論を提唱した、フリードリヒ・ハイエクの『隷従への道』が大ベストセラーとなったことは、そうした政治潮流の保守化をいみじくも示すものであった。そして、ローズヴェルトは特にNRPBやWPAを救済する意思を示さず、四四年の大統領選挙では副大統領候補をウォーレスから境界州ミズーリ出身の保守派ハリー・トルーマンに変更することになる。財政派と計画派の政権内闘争は明らかに前者に軍配が上がり、予算局は最重要の行政機関となった。以後、経済政策の中心は、政府支出や公共投資による経済成長、完全雇用論へと向かい、戦後の一九四六年雇用法と「豊かな社会」の実現へとつながっていく。

戦後国際秩序の構想

この間、ローズヴェルトは外交面では、基本的に英ソとの大同盟を維持しながら、いかに、彼にとっての「アメリカの世紀」、すなわちアメリカ主導の戦後国際秩序を形成できるかという課題に腐心していた。その際、具体的な目標とされたのは、①大戦勃発の原因の一つと見られた排他的なブロック経済を反省し、自由な多国間の貿易を保障すること、②将来の戦争を防止する実効的な安全保障体制を構築することであった。前者の国際経済システムの再建については、一九四四年七月のブレトンウッズ会議で討議され、国際通貨基金（ＩＭＦ）と国際復興開発銀行（世界銀行）の創設に結実した。米ドルを国際基軸通貨とする固定相場制により、為替の安定化と戦後の復興資金を確保しようとするものであった。

また後者の集団安全保障と政治秩序の問題については、翌八月の米英ソ中の四カ国代表によるダンバートン・オークス会議で論じられた。この会議では国際連合構想が具体的に検討されたが、民族自決や平和主義の普遍的価値が唱道される一方で、米英ソ「大同盟」を軸にした大国の同意こそが戦後秩序の根源だと見る立場が併存していた。少なくともこの点は、ルースのような一国覇権の思想とは異なり、戦争のリアリズムをふまえた多元的な世界観を指摘できる。しかし、かかる大国主義は安全保障理事会での拒否権問題として紛糾し、四五年二月のヤルタ会議で米英ソ首脳が再び協議せねばならなかった。

ともあれ、このヤルタ会議までは、ローズヴェルトの強力な指導力のもと大同盟の枠組みは概ね維持されており、同会議では戦後ドイツの占領方式やソ連の対日参戦など戦争終結へ向けた協力アジェンダが確認されたのだった。だが、その僅か二カ月後、四期目の大統領就任から数えて三カ月の四五年四月、ローズヴェルトは急死する。跡を継いだのは、外交経験がなく、国際的には無名に近いトルーマンであった。政権発足当初からトルーマン大統領は、国内的には、依然として南部とＣＩＯ労組に依存したニューディール連合を維持しながら、財界主導の高度成長政策を推進するなど多くの矛盾を抱えたが、対外政策においてもソ連との友好関係が揺らぎはじめるなど苦戦を強いられた。終戦間際のアメリカの眼前には、国内外の冷戦へと至る険しい道が続いていた。

第五章　冷戦から「偉大な社会」へ

海外援助ボランティア平和部隊の創設式典で
シュライバー理事長を祝福する J. F. ケネディ

1 冷戦時代のはじまり

暗雲

一九四五年四月二五日にはじまるサンフランシスコ国連組織会議は、二週間前に大統領に昇格したばかりのトルーマンにとって最初の国際舞台となった。ダンバートン・オークス会議での議論を引き継ぎ、国連諸機構の細部を詰めたこの会議は、開会間もない五月八日にドイツ降伏の報に接した。そして、このヨーロッパ戦線の終結は、ソ連による対独賠償要求やポーランドをはじめとする東欧占領地の共産化という、アメリカにとって承服しがたい展開を生んでいく。この不安定な政治状況の中で、国連の集団安全保障案は「大同盟」の維持を基礎としたローズヴェルト構想から大きく逸脱しはじめていた。アメリカの提案で、同会議が採択した国連憲章第五一条は、後のリオデジャネイロ条約や北大西洋条約機構（NATO）につながる国連外の地域的な安全保障体制を容認するものだったのである。

続く七月後半には、ベルリン近郊のポツダムにヤルタ会議以来五カ月ぶりに、米英ソの首脳が集結し、ドイツ占領問題や対日戦争の終結手続きなどを討議することになった。だが、開会直前にニューメキシコ州アラモゴード爆撃試験場で初めて原爆実験が成功したことは、大同盟の関係に微妙な変化をもたらしていた。原爆の使用を前提に考えるなら、ソ連の対日参戦がなくとも、アメリカが独力で戦争を終結させ、日本を単独占領できる可能性が広がったからである。そうした緊張感の中で、連合国は七月二六日、日本の無条件降伏を求めるいわゆるポツダム宣言を発表した。同宣言への署名国には米英中の三国が名を連ねる一方で、ソ連はこれに加わらなかった。トルーマンはすでにその前日、原爆投下の命令を出しており、八月六日に広島、ソ連が対日参戦に踏み切った九日には長崎で、実際に核兵器によるジェノサイドが行われた。五日後の八月一四日、日本政府はポツダム宣言受諾を公表し、九月二日、正式に降伏文書に署名した。日本の占領はアメリカが単独で行うことになった。そして、この時点でアメリカが核兵器を独占する状況が生まれていた。大同盟の最大の存在意義であった枢軸国との戦いはすでに終わり、特に米ソの利害と勢力関係は急速に流動化しつつあった。

核の恐怖

原子爆弾が実際に日本人に対して使用され、広島と長崎であわせて二〇万人以上の人命が失われた事実は、多くのアメリカ人を字句通り震撼させた。すでに「広島」の翌日、『ニューヨ

「ニューヨーク・タイムズ」をはじめとする各紙は、日本に投下された爆弾が未曾有の核兵器であったことを認めるトルーマン声明を掲載した。これを受けて、一二日にジャーナリストのエドワード・マロウは自身のラジオ番組で、「このような不安と恐怖――すなわち将来は不透明で自身の生存さえ保障されてはいないという認識――を勝者に残して終わる戦争はめったにない」と語った。また『サタデー・レビュー』誌のノーマン・カズンズは終戦直後の八月一八日付の社説「近代人は時代遅れだ」で、こう書いている。「原初的な恐怖、未知の恐怖、人間が方向付けたり理解したりできない力の恐怖」が戦勝の喜びに水をかけ、理不尽な死の恐怖が、「一夜にして巨大化し……無意識から意識下に噴出し、人の心を根源的な不安でいっぱいにした」と。恐怖と不安は一般大衆の間にも急速に広まり、広島の惨状を伝えたジョン・ハーシーの『ヒロシマ』(一九四六年)は、空前のベストセラーとなった。

ファシズムの「恐怖からの自由」を達成すべく、戦争を戦い抜いたアメリカ――その過程で自ら手にした核兵器のために、勝利の次の瞬間から、さらに大きな「恐怖」の虜になってしまったアメリカ。その圧倒的な死のリアリズムとグローバルな広がりは、かつてフランクリン・ローズヴェルトが大恐慌を前に「恐れなくてはならないのは、恐怖そのものだけです」と述べたような観念的な心情とは程遠いものだった。「恐怖」は「アメリカの世紀」の基調の一つとなった。

核の国際管理

核兵器の恐怖は専門科学者からも表明された。一九四六年三月、アメリカ科学者連盟は『原子爆弾の真実に関する公衆への報告』という冊子を出版し、「人類がこれまでの歴史で直面した最も危険な状況」にあると訴えた。ロバート・オッペンハイマー(元ロス・アラモス研究所長)をはじめとする寄稿者の多くはアメリカの原爆開発プロジェクト(マンハッタン計画)の関係者だったが、開発過程を知る彼らにして、広島、長崎の現実はなお衝撃的だった。戦後「フランケンシュタイン」にもなぞらえられた核エネルギーの扱いをめぐり、科学者たちは一つの共同行動をとることになる。それは原子力情報の公開と核兵器の国際管理の要求であった。

図 **5–1** 『タイム』1945 年 11 月号の表紙.「1945 年の人」に選ばれたトルーマン大統領が,原子爆弾と原子力を表現するイメージとともに描かれている

もとより、アメリカ政府のアプローチはそれとは異なっていた。一九四五年一〇月にトルーマンの呼びかけにしたがって提案された原子力管理法案(メイ＝ジョンソン法案)は、平時においても軍が核の開発と管理に深く関わり、研究情報を米国内に秘匿

しようとするものであった。これに対して科学者たちは、アメリカが核に関する情報を独占するなら、そのこと自体を脅威と感じるソ連において核開発を強く促すことになると論じ、法案に強く反対した。この核競争を抑止するためにこそ、核開発を軍から民間に取り戻し、そこから得られた情報を他国と共有すべしという議論は、リベラルな労働運動ＣＩＯなどからも広い支持を集めた。一一月末、メイ＝ジョンソン法案は廃案となった。

この核の平和利用をめぐる国内法上の論争は、同時に国際的な原子力管理という課題とあわせ鏡のように展開していた。国際管理論は多岐にわたるが、おそらく最もラディカルな議論は、一九四五年一〇月頃から本格化する「世界連邦」運動と呼ばれるものに見られる。マンハッタン計画に関わったシカゴ大学の研究者やアルベルト・アインシュタイン、Ｎ・カズンズらを中心に進められたこの運動の主張は次のように要約できよう。すなわち、原子力を特定の国の防衛・軍事から切り離し、人類の平和的な共有財産とするには、超国家的な管理主体の下に既存の国家主権の一部を譲渡するしかない。それはつまるところ、これまでの近代国家系を解体し、「世界連邦政府」に再編することであると。

他方、より現実的な国際管理論として、新設の国際連合に核開発に関する諸権限を集約しようとする案も浮上した。四五年一二月の米英ソ外相会談での合意に基づき、四六年一月の第一回国連総会は原子力委員会の設置を定めた。これを受けて、アメリカ国務省は、国務次官ディーン・アチソンと彼の顧問会議メンバーのデイヴィッド・リリエンソール(元ＴＶＡ理事長)やオッペンハイマー等の間でアメリカ案を作成させた。同案は核開発の全過程を国連機関に委ねるものであり、また、アメリカはいずれ現有の原子爆弾と核開発施設を国連機関に移譲するものとされた。ここには、世界連邦論者と同じく、核競争を避けるためには直接的な権益や主権の制限も厭わないという、科学者と外交担当者の強い意志が垣間見える。

しかし、その後、具体的な核査察の方法や米核施設の移管時期をめぐって米ソの対立が続き、四六年末には国連による原子力管理構想は頓挫してしまう。また、国内政治においても保守勢力の巻き返しを背景に、同年八月に成立した原子力管理法は、結局、核兵器の製造、開発に軍が一定程度関与するものとなった。実のところ、こうした展開は、同時期に進む米ソ関係の悪化を反映したものであり、またその原因でもあった。早くも翌一九四七年には、実質的に米ソの核開発競争がはじまっていたのである。かつて第一次大戦後の国際社会が、とにもかくにも軍縮と平和の文化を尊重したのとは対照的に、第二次大戦後にはなお核兵器が体現する「恐怖」と軍事の論理が支配的だった。

冷戦へ

米ソの対立は、一九四六年から四七年にかけて厳しさを増していった。アメリカが核兵器を独占している状況はソ連を防御的にし、東欧諸国の共産化を急がせることになった。このソ連の行動に危機感を抱いた元英首相チャーチルは四六年三月、トルーマンの地元ミズーリ州で大統領陪席のもといわゆる「鉄のカーテン」演説を行い、欧州の東西分断を嘆いた。翌四七年三月には、英国政府の要請からトルーマン大統領は、共産主義勢力を抑制する目的でギリシアとトルコに経済援助を行うと言明した。この「トルーマン・ドクトリン」は、世界政治の現状を「多数者の意思に基づく」自由な生活様式と「恐怖と圧制」の政治秩序との闘争と捉え、前者の擁護のためには、アメリカが他地域に介入することも避けられないと説明していた。またこの冷戦マニフェストの末尾ではこうも述べられた。「全体主義の種は悲惨と欠乏の中で育ち……よりよい生活の……希望が消えたとき完成する」と。ここに「欠乏からの自由」のレトリックは、共産圏膨張の「恐怖からの自由」――つまり冷戦の戦いへと展開していく。

一九四七年六月に立ち上げられたマーシャル・プランは、まさにそうした思考を背景としたものであった。四年間に一三六億ドルを西欧諸国に供与したこの援助政策は、共産主義の浸透を防ぐうえでヨーロッパの復興は欠かせないという信念に支えられていた。この時期、国務省政策企画本部のケナンを中心に立案された対ソ「封じ込め」政策は、必ずしもトルーマン・ドクトリンのような普遍主義を共有しなかったが、マーシャル・プランの現実主義的な経済政策は、両者が一致できるアメリカ外交のコンセンサスであった。もっとも、ソ連と東欧諸国が参加を拒否したマーシャル・プランは、ヨーロッパの東西分断を深めざるを得ない。なかでも、西ベルリンを含むドイツ西側占領地区がその復興政策の対象となるに及んで、ソ連は激しい反発を示し、四八年六月には「ベルリン封鎖」を断行した。アメリカと西側諸国は空輸作戦でこれに対抗したが、世界が冷戦の時代に突入したという事実はもはや隠しようがなかった。

一九四七年国家安全保障法

冷戦はアメリカの国防体制にも大きな変容をもたらすことになる。四七年七月、トルーマン政権は国家安全保障法を成立させ、軍事、外交政策の立案・実施プロセスを再編した。同法は、まず陸軍の航空部門を独立させて空軍を組織した。有名な陸軍戦略航空軍団(SAC)は、そのまま新空軍の主力となり、朝鮮戦争でも重要な役割を果たすことになる。また、四軍(陸、海、空、海兵隊)の指揮を調整する統合参謀本部、これらを行政組織として統合する国防総省(創設時は全国軍政省。一九四九年に改称)が創設され、軍の効率的な統率が目指された。

さらに同法は、大統領、国務長官、国防長官等で構成される国家安全保障会議(NSC)を設置して、国防の大綱をホワイトハウス内で決するシステムをつくった。また下部組織には、新たに対外諜報・工作機関である中央情報局(CIA)がつくられ、同局長は陸海空軍長官と並んでNSCのメンバーとされた。このNSCでの議論は、基本的に立法府の監視を受けず、高度に官僚主義的な意思決定が可能となった。また具体的に、初期のNSCがアメリカの核独占を前提として、アグレッシヴな冷戦政策を打ち出していたことも付言してよい。四八年九月のNSC文書三〇は、将来の戦争での原爆使用を可とするものであったし、同年一一月のNSC二〇―四は「ソ連の統治体制の変更」が核攻撃の目的となりうるとしていた。そして実際、この時点で新設の空軍はすでに二〇〇発を超える原爆を保有していたのである。

国家安全保障国家と南部問題

このような第一期トルーマン政権が構築した「国家安全保障国家」は、必ずしも広範な国内政治勢力から支持を受けていたわけではない。例えば、ケナンの対ソ「封じ込め」を概ね支持した共和党主流も、アメリカ的生活様式のグローバル化といった普遍主義とは一線を画し、軍事的な防衛線はあくまで西半球にあるべきだと見ていた。また、NSCを中心に無定見な国家の中央集権化がすすめられたことには強い不快感を示していた。その一方で、リチャード・ニクソンやロバート・タフト等、共和党タカ派は、現政権の反共対策が特にアジアでは不十分で、むしろソ連に対して宥和的だと非難した。この主張は翌四九年、中国で共産主義革命が成功する中で、さらに影響力を増していくことになる。これに加えて、トルーマンの国防政策は、民主党内のリベラル派からも批判を受けていた。元副大統領のヘンリー・ウォーレスやCIO指導者は、かつてヤルタ会議が約した大同盟による戦後平和を追求すべきだとし、なお親ソ路線を主張した。トルーマンの外交・内政と相容れない彼らの一部は、四八年の大統領選挙では党を割って新党を旗揚げすることになる。

　実のところ、トルーマンの国家安全保障国家を最も安定的に支持したのは南部民主党だった。もともと、南部は第二次大戦中から訓練基地等の国防関連の公共事業を集中的に受注しており、冷戦がもたらす軍需の恩恵を最も受けていた。そして南部勢力は、四七年議会では、両院の軍事委員会、非米活動委員会を支配して、国家安全保障法の成立を可能にしたのだった。

南部作戦

　ところで、この南部民主党にとって反共政策と並ぶ重要課題は、白人優位の人種関係を維持することであり、そのためには、リベラルな労働運動の排除が至上命令だった。その意味で、戦後の保守化潮流の中でワグナー法の見直しが進められたことは、彼らの歓迎するところであった。当時南部産業は、一九四六年二月にはじまるＣＩＯの大規模キャンペーンで紛糾していたからである。「南部作戦《オペレーション・ディキシー》」と呼ばれたこの組織化運動では、なによりもＣＩＯ労組内の人種平等がアピールされ、職場での人種統合が訴えられた。だが、一九四七年六月に成立したタフト＝ハートリー法は、労働者のスト権を制限し、クローズドショップ制を禁止するなど非組合員と経営者の権利を擁護する改正を多く含んだ。また、南部の文脈において重要だったのは、同法が農業労働者とメイドというワグナー法の除外対象を拡大し、農産物の加工や貯蔵、包装等に関わる職種をこれに加えたことである。これらの業務は大多数が黒人労働者によって担われており、CIOが目指した黒人組合員のリクルートは困難を極めた。

CIO「南部作戦」の失敗は、人種差別の放置というニューディール・リベラリズムの最大の弱点がなお乗り越えがたいことを示していた。その後冷戦期のCIOは、人種差別と労働問題が密接に結びついたものであることを認識しながら、敢えてこの二つを切り離し後者の改善と福祉国家の維持を目指さざるを得なかった。そのことは、黒人の市民権運動の側から見ると、彼らの人種平等の戦いにおいて、労働組合とニューディール・リベラルが必ずしも信頼に足る提携相手とはいえなかったことを意味した。その事実は、後述する五〇年代以降の市民権運動の展開に深い影を落とすことになろう。

冷戦市民権

このようにトルーマンが依存した南部は、冷戦期の軍需を地域開発の梃とし、また人種統合を掲げる労組を撃退する一方で、なお政府に対して不満を抱えていた。それはまさに国家安全保障の観点からトルーマン大統領が一定の人種関係改革を志向したからである。一九四六年末、トルーマンは国内の人種問題を調査し、是正勧告を行う大統領市民権委員会を発足した。その背景には、創設間もない国際連合の内外で、NAACP左派のデュボイスや元全国青年局(NYA)黒人部門のM・ベシューンが独立インドのネルーらと結び、反植民地主義、反人種差別の国際世論を喚起していたこと、そして、四六年夏頃からソ連メディアが反米宣伝の一環として、アメリカに頻発するリンチや人種隔離を取り上げるようになったことがあった。

一九四七年一〇月、約一〇カ月の調査を経て出版された大統領市民権委員会報告書『これらの権利を保障するために』は、特に南部諸州とワシントンDCの人種隔離を強く批判した。興味深いのは、同書が人種関係改革を急ぐ「国際的理由」として、次のように論じたことだった。「太平洋、ラテンアメリカ、アフリカ、中近東、極東のいたるところで、アメリカ黒人の処遇がすべての有色民族に対する我々の態度の表れだととらえられている」、「世界が我々をどう見ているのか……を無視できるほど合衆国は強くないし、民主主義の理想の最終的な勝利も確実ではない」。さらに『これらの権利を……』は、右の議論を補強するためにアチソン国務次官が公正雇用実施委員会に送付した書簡を添付していた。この中で外交官アチソンは、「マイノリティ差別の存在が他国との関係の障害になっていることは……自明である。それ故、国務省は今後ますます効果的に差別撤廃に向けて公的、私的努力がなされることを切望する」と書いていた。対ソ冷戦、わけてもアジア・アフリカの新興国をめぐるソ連との攻防において、人種問題はアメリカニズムの「アキレス腱」だという認識であった。

一九四八年選挙

トルーマン大統領は、一九四八年二月の特別教書で『これらの権利を……』の内容を全面的に受け入れる意思を表明し、七月の民主党大会では大統領候補として、黒人市民権の擁護を謳った綱領を正式に掲げることとなった。この一週間後、大統領は、行政命令第九九八一に署名し、軍の人種隔離を漸次撤廃するよう指示した。さらにトルーマンは、一一月の投票日の四日前には現職大統領として初めてニューヨーク市の黒人地区ハーレムを訪れている。彼が当地で語った言葉――「今日民主的な生活様式は世界中で挑戦を受けています。全体主義の挑戦に対する民主主義の答えは、全人類に対して平等の権利と平等の機会を約束することなのです」――は、各紙の大きく報じるところとなった。

この政策選択は予測された通り、南部の白人至上主義者の離反を招いた。ここに民主党はトルーマンの党主流と反冷戦リベラルのH・ウォーレス率いる革新党、そして南部州権民主党《ディキシー・クラッツ》の三つに分裂した。現職のトルーマン大統領の苦戦が予測されたことは言うまでもない。だが、選挙結果は予想に反して、トルーマンが二八州を制して勝利した。民主党はニューヨークをはじめとする東部諸州を共和党に、ルイジアナ、ミシシッピ等の低南部を州権民主党に奪われたが、大票田のテキサス他南部で過半数を押さえ、イリノイ、カリフォルニア等産業州も確保した。

奇跡とも言われた大統領再選の理由の一つには、トルーマンが全黒人票の推定三分の二を獲得したことが考えられる。なかでもＮＡＡＣＰは「無党派戦術」というかたちで、事実上、トルーマンの再選を援護した。ウォルター・ホワイトやロイ・ウィルキンスら穏健派の黒人指導者が掌握したＮＡＡＣＰ執行部は、デュボイスの反植民地、容共国際主義の主張から距離をおき、トルーマンの冷戦市民権論を支持する路線をとった。国外の反米勢力と結び、反人種差別の「外圧」を直接喚起するのではなく、反共政治を容認しながら連邦政府との連携強化に活路を見出そうという立場だった。他方、デュボイスにおいては国連によるアメリカ国内の人権状況の査察を求めるなど、政府との対決姿勢が鮮明で、四八年選挙ではＮＡＡＣＰの決定を無視して、Ｈ・ウォーレス候補支持を公言した。このため、ＮＡＡＣＰ理事会は投票日前にデュボイスの除名を決定したが、この一連の経緯は、黒人市民権運動の主流がラディカルな国際主義から後退し、体制内の圧力団体化していった事実をよく物語っていた。

ともあれ、トルーマンの市民権綱領は、北部に移住した多数の黒人労働者や、ニューディールの保守化以降、党派的に浮遊状態にあった都市リベラルの取り込みに十分成功した。だが繰り返しになるが、そのことは一九三六年以来のニューディール連合に大きな軋みを生んでいた。

大規模な軍需、公共事業のバラマキと産業労働者に対する手厚い社会保障によって辛うじて多数派が維持されている――そうした状況が生まれていたといってもよい。

2 第三世界とアメリカ

ポイント・フォー

一九四九年一月二〇日、二期目の大統領に就任したトルーマンは、議会で施政方針演説を行った。この声明の内容は、四つの政策群――①国連支援、②ヨーロッパ経済復興計画、③地域安全保障の強化、④低開発国への援助、にわけられる。前半二つが第一期政権の継続であるのに対して、後半の二項目は新たな提言として注目に値する。まず③の安全保障政策で、中心に論じられたのは、西ヨーロッパの集団的自衛協定である北大西洋条約機構(NATO)の形成であった。面白いのは、前年、南北アメリカ諸国の間で発効したリオデジャネイロ条約が国連外の地域安保の前例として引かれ、同様の性格のNATOが国連憲章に抵触しないと説明された点だった。米西戦争後の二〇世紀初頭、たびたびアメリカ島嶼帝国主義の介入を受けたラテンアメリカは、その後、善隣外交と呼ばれた経済主義的なパン・アメリカニズムの時代を経て、ついには戦後、アメリカが主宰するグローバルな反共「封じ込め」の砦とされた。この対ラテンアメリカ政策の歴史的展開はそれ自体、二〇世紀アメリカ帝国の膨張と変容をよく物語るものであった。そして、今やソ連との衝突の可能性がより高い、北大西洋地域にも、国連外の軍事的な安全保障体制が築かれつつあったのであり、冷戦の深刻化は誰の目にも明らかだった。

次に、トルーマン就任演説の四番目の論点《ポイント・フォー》——海外援助政策は、その対象がアジアやアフリカの貧困に定められた点が画期的だった。大統領は言う。「我々の科学の進歩、産業の発展の恩恵を、低開発地域の改善と成長に活用」し、「平和と豊かさ、そして、自由の成就のための世界規模の事業」を推進する、と。この開発援助という政策は、米国原子力委員会（ＡＥＣ）議長となったリリエンソールが大戦末期から主張していたものでもある。四〇年代にテネシー渓谷開発公社（ＴＶＡ）の理事長であったリリエンソールは、アメリカ南部の貧困地帯をこの巨大公共事業で「近代化」した経験から、世界各地への「ＴＶＡの輸出」を推奨していた。戦後、こうしたグローバルな「欠乏からの自由」論は、高度経済成長の神話を介して、冷戦の論理に回収されていく。アメリカの科学的、技術的知識を第三世界に移転し、当該地域の経済発展が実現されれば、共産主義の浸透を食い止められると考えられたからだ。

この第四の論点は、翌一九五〇年の国際開発法として具体化される。初期予算二五〇〇万ドルをかけた援助計画は、ロックフェラー財団等の民間基金も巻き込んで、アジア各地に開発事業を立ち上げるとともに、無数のアメリカ人科学者や技術者を現地に派遣した。この中には、かつてニューディール農政において、地域の営農活動に従事した農学者や農業技師たちも多く含まれていた。海外援助は、アメリカ政治の保守化の中で居場所を失った草の根リベラルにとっての新天地ともなったのである。ただし、海外援助の最重要ポイントのひとつが、フランス軍を後ろ盾とする反共バオダイ政権の南部ベトナムであったことが示す通り、国際開発プログラムは明確に「封じ込め」の文脈を含んでいた。

朝鮮戦争

このように、第二期トルーマン政権は、以前にもましてソ連との軍事的対抗やアジアの冷戦を意識したものであった。だが、冷戦の現実は彼らの予想をはるかに超える速度で進行していった。トルーマン演説のわずか七カ月後の一九四九年八月末、ソ連が原爆実験に成功し、ついにアメリカの核独占はやぶれた。また、その約一カ月後の一〇月、中国で共産主義革命が成功した。この衝撃的な事実を前に、アメリカはこれまでの冷戦政策を根本的に見直さなくてはならなくなった。一九五〇年一月、トルーマンはリリエンソールやアチソンらAEC委員の反対を押し切り、水爆の製造を命令した。また、四月には国務、国防両省に命じて、新しい政策指針(NSC文書六八)を作成させた。同文書は、米ソの政治システムが本質的に両立不能であること、そして、アメリカが主宰する「個人の自由に基づく生活様式」を守るためには、現行の軍事費を倍増させる軍拡しかないとするものだった。このＮＳＣ六八の提出を受けたトルーマンは、大筋で右の路線に合意しながらも、議会対策の必要から、すぐに決裁することができなかった。そうするうちに、二カ月後の一九五〇年六月、突如、北朝鮮軍が三八度線を南下し韓国軍と戦闘状態に入った。朝鮮戦争の勃発である。

アメリカはソ連が欠席した直後の国連安保理を主導し、米軍主体の国連軍を韓国側の援軍として派遣することを承認させた。そして、この国連軍の最高司令官には、日本に駐在したアメリカ極東軍司令官のマッカーサーが任命されたが、彼は戦時の原爆使用を容認する立場をとっていた。中国革命軍が北朝鮮側として介入した五〇年秋には、トルーマン大統領も一時原爆投下を検討しており、核戦争の脅威がにわかに高まった。その後、朝鮮戦争は五一年六月に事実上停戦状態となるが、正式な休戦交渉の妥結にはさらに二年近い時間を要した。なおこの間、アメリカ政府はＮＳＣ六八を正式に承認し、その後の「封じ込め」政策の大綱とした。実際、この戦争によって、国防予算は三倍の四五〇億ドルに膨れ上がり、その後もこの軍事費の水準はなかなか下がらなかった。

マッカーシズム

また、朝鮮戦争はそれが惹起した「核戦争の恐怖」ゆえに、数年前にはじまった米国内の反共運動を増幅させていった。振り返ってみると、二〇世紀のアメリカ史においては、テロや戦争など国家的な危機に際して、しばしば、共産主義者による体制破壊の陰謀論が喚起されてきた。それは、容易に受け入れがたい暴力や恐怖の原因を、「共産主義者」という非アメリカ的な外部者の悪意に帰そうとする心的習慣であった。そしてこの冷戦下のヒステリーもまた、典型的なアメリカの「赤狩り」であった。最初にターゲットになったのは国家公務員だった。トルーマン・ドクトリンが出された四七年三月、政府は行政命令第九八三五号により、連邦職員の忠誠審査を実施した。共産主義的とされた団体への加入歴が問題にされ、およそ六年間に五六〇人が解雇された。次に忠誠心が疑われたのは、リベラルな映画人だった。同年一〇月、下院非米活動委員会は、親ソ的と見られた監督や俳優、脚本家ら一〇人を次々と喚問し、彼らの社会的な立場を奪った(ハリウッド・テン事件)。その後、非米活動委員会は調査対象を外交官や核科学者にひろげていく。かつて核の国際管理問題にかかわり、その後、AECの要職にあったオッペンハイマーも忠誠喚問を受け、最終的にAECを追われている。

朝鮮戦争がはじまると、「赤狩り」はさらに苛烈なものとなった。一九五〇年九月には国内治安法(マッカラン法)が成立し、共産党員の登録義務、戦時の強制収容が定められた。そうした反共潮流の中で、ジョセフ・マッカーシー上院議員らは、太平洋問題調査会のオーウェン・ラティモアらリベラルなアジア専門家を執拗に喚問し、「共産主義者」のレッテルを貼った。

彼らの追及は以後三年以上にわたって続き、ラティモアはジョンズ・ホプキンス大の教職を失い、英国に移住せざるを得なかった。こうした状況のもと、戦争直後の世界連邦論者や民主党H・ウォーレス派のような容共コスモポリタンは沈黙せざるを得なかった。五〇年代のアメリカでは、冷戦コンフォミティと呼ばれる体制順応的な政治文化が支配的となっていったのである。だが、マッカーシズムが生んだある種の恐怖政治は、朝鮮戦争の泥沼化への不満とも相まって、トルーマン民主党政権を不人気なものとした。トルーマンは一九五二年の大統領選挙に出馬することすらできず、新大統領には共和党のアイゼンハワーが選出された。

ニュールック

アイゼンハワー共和党政権の二期八年は、一九三三年から六九年まで三六年間続く、長い民主党時代の小休止のようであった。とはいえ、政府、財界、労働組合が構成するニューディールのコーポラティズムが崩れ去ったわけではない。アイゼンハワー政権は、社会保障費を増額し、低所得者向けの公営住宅を増設したし、労組の組織率も三五％近くの高水準を保っていた。むしろ彼の人気の秘密は、かのノルマンディ上陸作戦を指揮したカリスマ性と「怠惰な」外交政策にあったかもしれない。共和党穏健派を背景とするアイゼンハワーは、宗教戦争のごとき民主党の理念外交に警鐘を鳴らし、また伝統的な財政均衡論の立場から無節操な軍事費の増大を批判した。五三年一〇月、アメリカ政府はＮＳＣ一六二―二を決定し、財政の引き締めと対ソ「封じ込め」政策を同時に追求する方向を示した（「ニュールック戦略」）。具体的には、費用のかかる通常兵器の大幅削減が目指されたわけだが、その代償として、核兵器の戦略上の比重は高まった。当時、国務長官のジョン・ダレスが核攻撃をもとにした「大量報復による抑止」に言及したのは、本来そうした安上がりの安全保障の論理からであった。もっとも、この言葉に恫喝の要素、別言すれば「核の恐怖」による戦争回避の計算があったことも否めない。もとより、アイゼンハワー政権は「封じ込め」を緩和するつもりはなかった。

アメリカと脱植民地化

ＣＩＡを中心にした対外工作も、通常兵器削減の穴を埋めるものとして期待された。特に、この手段が多用されたのは、戦後、脱植民地の道を歩み始めたアジア、アフリカ諸国、そして歴史的にアメリカから帝国支配を受けてきた中米諸国に対してであった。アイゼンハワー政権三年目の一九五五年四月、インドネシアのバンドンに会したインドのネルーやエジプトのナセル等非同盟国の指導者たちは、自らを「第三世界」と呼び、植民地主義の打倒を高らかに宣言した。アメリカは民族自決の原則から、総じてこの第三世界を支援したが、当該地域のナショナリズムがソ連の影響下にある場合は、しばしば非公式な妨害手段に訴えた。五三年八月、イランでは、ＣＩＡがモサデクの民族派政府をクーデタで転覆し、パフレヴィ家の親米独裁体制を擁立した。また翌五四年には中米グアテマラでもＣＩＡが親ソ的と見られたアルベンス政権に対するクーデタを助け、長期に及ぶ内戦の原因を作ってしまう。

他方、英仏とナセルのアラブ・ナショナリズムがぶつかり合った一九五六年のスエズ戦争に際しては、アメリカは西欧列強の旧い植民地主義と距離をとり、英仏の軍事介入を撤回させてもいる。むしろアメリカは、この地域全体を自由主義陣営に確保するというイギリス的支配とは異なる構想を持った。だがそのことは、現地の親米諸国への経済・軍事援助を通じて、親ソ的傾向を持つナセルを孤立させる戦略につながろう。こうした政策が中東地域に強い反米感情を根付かせたことは今更言うまでもない。

東アジアでのアイゼンハワー外交は、さらに矛盾に満ちたものとなった。一九五三年七月、ようやく朝鮮戦争の休戦協定が成ったが、アメリカは、今度はインドシナ情勢に深く介入していく。トルーマンのポイント・フォー援助以来、アメリカは第一次インドシナ戦争下のフランスとバオダイ政権に巨額の経済・軍事援助を与えてきた。しかし、五四年四月、デンビエンフーの戦いでフランス軍が敗退すると、アイゼンハワーは、東南アジア各地で共産化の連鎖が起こる可能性があると示唆した（「ドミノ理論」）。七月のジュネーブ和平後もアメリカはゴ・ジン・ジエムの親米政権を立て、これを支援した。つまり、アイゼンハワー政権はあくまでインドシナ紛争を冷戦の論理で理解し、この問題に伏在する反帝国主義、脱植民地主義の文脈をほとんど無視していたといってよい。

豊かな社会

アメリカの冷戦時代は経済繁栄の時代でもあった。第二次大戦期から続く好景気は、一九五〇年代にもなお持続していた。完全雇用、完全消費を目指す積極財政政策により、一九四五年に二二八〇億ドルだったGDPは一九六〇年には五四三四億ドルに倍増した。それは人類史上にも稀な長期安定的な好景気であった。そのことは産業構造そのものにも変化を与えた。農業では、大農場を中心に機械化と、化学肥料使用による生産性向上が進み、多数の余剰人口が大都市圏に流出した。その中には南部の黒人綿花小作や農業労働者も多く含まれた。この第二次大移動を含めると、二〇世紀の最初の六〇年間で、少なくとも六〇〇万人の南部黒人が北部や西部の都市へと移住したことになる。製造業では、軍需関連で開発の進んだ南部サンベルトやカリフォルニアを中心に、航空機、コンピュータなどの新しい産業が生まれた。また、自動車や家電も堅実に成長を続け、大量生産による比較的安価な耐久消費財を供給した。

この好景気が生み出した巨大な消費市場の主役となったのは、五〇年代に急増した若いホワイトカラーだった。彼らの多くはGIビル(軍人恩給)の奨学金で高等教育を受けた元兵士であり、同じくGIビルの恩典だった低利の住宅融資で郊外に一戸建てを買った新中産階級だった。また、彼らの多くが南・東欧系移民の子弟であったことも記憶してよい。このヨーロッパ移民の二世、三世世代は郊外での住宅購入までを含む大量消費に本格的に参加し、ついに「アメリカ的生活様式」を手に入れたように見えた。

五〇年代の大衆社会論

だが、この「アメリカ化」の完成——あるいは「国民統合」の自画像は、少なくとも二つの方向から疑問符が付けられた。ひとつは、気鋭の知識人からの批判であった。五〇年代に学者としての成熟期を迎えたダニエル・ベルやデイヴィッド・リースマン、ウィリアム・コーンハウザーらのユダヤ系社会科学者の一群は、豊かな郊外のユートピアに、彼らが忌み嫌った全体主義とも似た画一的な大衆社会を見出していた。同質的な消費行動を通じて主流社会に同化を果たしたホワイトエスニックの生活スタイルは、マッカーシズムが人々に強いた体制順応の政治文化と表裏一体に見えた。そもそも、この郊外の住民たちは、移民街や拡大家族といった第一次集団との絆を失い漂流する個人が、表層的に同調し合っているだけの「孤独な群衆」(リースマン)にすぎない。だとすると、現下の「豊かな」大衆社会は、少数エリートによる政治的プロパガンダによっていかようにでも操作できる非常に脆弱な社会なのではないか。彼らはアメリカの現状をそう案じていたのであった。

実のところ、これによく似た大衆社会批判は、すでに一九二〇年代の「世論」やアパシーをめぐる議論の中にもあった。しかし、三〇年後のベルやコーンハウザーは、もはやナチズムやスターリン主義を事実として知り、冷戦下の赤狩りと「核の恐怖」の中に生きていた。「大衆」の問題は、彼らにとってははるかに切迫した現実的問題であったのだ。その後、ベル・グループ自体はまさにその反大衆的体質から一九六〇年代、七〇年代の学生やニューレフト（新左翼）の運動とは距離をおき、むしろ官僚主義的なネオコンサバティズムに接近していく。だが、彼らが五〇年代のコンフォミティを知的に切り崩した功績は、その後の世代の異議申し立てにとって大きな遺産となっただろう。

3 「偉大な社会」と市民権運動

ブラウン判決

一九五〇年代の国民統合神話を揺るがした今一つの問題は、右に見たヨーロッパ移民をも含む郊外の同質社会が、なお人種マイノリティを制度的に排除することで成り立っていたという事実である。この人種差別がニューディール改革政治の中に深く構造化されたものであったことは、先に見た通りである。だが戦後、普遍的な人権をとりまく国際環境の変化に敏感なNAACPが積極的に人種隔離の差別事案を法廷闘争に持ち込み、大きな成果をあげはじめた。その最も代表的な例が、五四年に判決が出たブラウン対教育委員会裁判であった。

この裁判の発端は、カンザス州トピーカ市の当時八歳の黒人児童リンダ・ブラウンが近隣の白人小学校への入学を拒否され、「最寄りの」黒人学校まで遠距離のバス通学を強いられたことにある。一九五一年、リンダを含む二〇人の黒人児童がNAACPの指導の下、市教育委員会を相手取って集団訴訟を起こし、公教育の人種隔離撤廃を要求した。この紛争は、他の四州でも提訴されていた同種の案件と共に最高裁で扱われることになるが、注目に値するのは、最初から連邦政府が訴訟プロセスに深く関与していたことである。五二年一二月、政府は法廷意見書を最高裁に提出している。それは全編をとおして、人種隔離の慣行を「合衆国の国益」に照らして見直すよう求めるものであった。すなわち、「人種差別の問題は、今日の自由対圧政という世界闘争の文脈で考察されねばならない」のだと。

もともと、この意見書はアチソン国務長官の意向を強く反映したものであり、自身が執筆した次のような書簡が添付されていた。曰く、「過去六年間、人種差別に起因する我が外交の損害は加速度的に広がってきた。……否定しえない人種差別の存在が、非友好国〔ソ連〕にプロパガンダ戦争のもっとも効果的な武器を与えている〔のであり〕……我が国が世界の自由民主主義諸国の道徳的指導者の地位を保つのを困難にしている」と。

こうした政府の立場は一カ月後にアイゼンハワー政権が成立して後も基本的に変わらなかった。そして、翌五四年五月に出された判決は、教育の人種隔離を憲法違反と認定する原告勝訴となった。アイゼンハワーが任命した最高裁長官アール・ウォーレンの書いた判決文は、「教育施設の分離はそれ自体、本来的に不平等であり」、とりわけ人種マイノリティの生徒に多大な教育上の悪影響を与えると断じていた。それは、一八九六年のプレッシー対ファーガソン裁判以来、人種隔離を正当化してきた「分離すれども平等」原則が、五八年ぶりに覆った歴史的な瞬間であった。

この記念碑的な判決が、どれほど多くのマイノリティを勇気づけ、差別根絶の希望を抱かせたかは計り知れない。しかし、ブラウン判決は最初から冷戦構造という外圧を受けて出された「外向け」の声明でもあった。アイゼンハワー政権は、対外宣伝ラジオ放送、「ヴォイス・オブ・アメリカ」を用いて、判決後一時間以内に三五の言語でその内容を世界に発信したが、その反面、人種統合の具体的な実施方法については何も示すことはなかった。また、最高裁も翌五五年「ブラウンII」判決を追加的に出し、ここでは前年の判決内容は、「慎重な速度で」実現されるべきだと勧告していた。こうした、人種統合の実施の局面に現れた政府や裁判所の消極性ゆえに、南部守旧派の間にはブラウン判決をネグレクトする動きが広がっていった。そのため、現場レベルでの隔離の廃絶は遅々として進まず、五七年九月にはアーカンソー州リトルロックで、ブラウン判決後に人種共学化した高校の黒人新入生に対して、反対派住民の側に立った州軍がその登校を妨害するという事件が起きている。アイゼンハワー政権は連邦軍を派遣し、州軍をこれに編入する措置をとったが、まさに「上からの改革」の限界を露呈する事態となった。市民権改革がより本質的な平等へ向かって歩みを進めるには、直接行動を辞さず、人種問題を地域闘争として戦う、より草の根的な運動が必要であった。

市民権運動

バンドン会議で「第三世界」が反植民地主義を宣言した一九五五年。この年の一二月にはじまるアラバマ州モンゴメリーのバスボイコット運動は、地域に暮らす黒人による「下からの市民権運動」の嚆矢《こうし》であった。黒人女性ローザ・パークスが市営バスで白人に座席をゆずらなかったために逮捕された事件に端を発するこの紛争は、モンゴメリー改善協会（MIA）などの住民組織を軸に一年近くにわたるボイコット運動へと発展した。当時、弱冠二六歳でMIAの会長を務めたマーティン・ルーサー・キング牧師らの働きかけで、黒人女性メイドなどのバス利用者の間に次第に賛同者が広がった。そして、この運動は地元支配層の報復から大量の逮捕者を出しつつも、翌五六年一一月、バスの人種隔離を違憲とする最高裁判決を勝ち取った。またキングはこの運動をきっかけに、一九五七年一月、アトランタで南部キリスト教指導者会議（SCLC）を旗揚げし、南部各地での闘争の拠点を形成した。

その後、市民権運動は、上記のリトルロック事件など白人社会からの反動に押し戻される時期もあったが、一九六〇年二月にはノースカロライナ州グリーンズボロでのシット・イン（ランチカウンターでの抗議活動）を皮切りに活性化し、同種の直接行動はジム・クロウ制度を持つ一三州に波及した。さらに翌六一年春には、州間を運行する長距離バスに黒人、白人混合の活動家が乗り込み、バスの座席と関連施設の人種隔離に抗議するフリーダムライドが敢行された。この運動は、各地で地元の保守層から暴力的な反発を受け、騒擾の拡大を恐れた司法省が改めて人種隔離の廃止を宣言せねばならなかった。

こうした市民権運動に対して、一九六〇年選挙で民主党政権の復活を目指すジョン・F・ケネディ大統領候補が急接近したことは、興味深い事実だった。元来、ケネディは対外政策、特に軍拡と対ソ強硬路線に執着した政治家であった。「大量報復」による抑止論では、第三世界の革命ゲリラの脅威に対応できないとアイゼンハワーを批判し、通常兵力の増強と軍事介入の拡大を主張してもいた。そんな彼が、選挙綱領に黒人投票権の確保を掲げただけでなく、キング牧師と私的なコネクションを作り、南部都市部の黒人票の獲得を目指したのだった。

おそらく、当時の民主党リベラルはこれを矛盾だとは考えなかった。つまり、キングらの運動が惹起した地域社会を引き裂くような草の根の対立は、いまや覇権国家となったアメリカにはおよそふさわしくない旧い体質を白日の下に晒し、これを一掃する機会となっていた。そして、この地域闘争の周辺には、連邦の積極介入による人種関係の近代化を求める、穏健な南部財界人や黒人都市エリートが多く存在していた。民主党の中枢は、北部リベラルに広がる市民権運動支持層とともに、南部政治の変革を視野に入れ始めていた。もっとも、その改革はケネディの冷戦戦略にはより適合的である反面、これまでのニューディール連合の枠組みを逸脱したものであった。一九六〇年代の民主党政権期は、そうした党派政治のドラスティックな地殻変動が、水面下で進行した時期と見るべきであろう。

ケネディの冷戦

一九六〇年の大統領選挙では、ケネディが僅差で共和党のニクソンを破り民主党に政権を奪還した。このケネディの政府は発足当初から、ソ連と第三世界の共産勢力に攻撃的な姿勢を示している。六一年四月には、二年前の革命以来、ソ連との関係が緊密になっていたキューバにCIAの指導する反カストロ派亡命者が侵攻し(ピッグス湾事件)、六月には東独・ソ連間の平和条約問題からソ連との対立を深めて、いわゆる「ベルリンの壁」の建設に至らしめた。特に、キューバとの紛争は深刻で、ケネディ政権の海上封鎖や空爆準備といった強硬策は、六二年一〇月には、ソ連がキューバに設置したミサイル基地を舞台に、核戦争の一歩手前まで両国を追い込んだ。このキューバ危機の経験は、米ソ首脳に核戦争回避のための意思疎通をうながすことになり、一九六三年の部分的核実験停止条約の締結に結実する。だが一方で、キューバ問題に関して米ソ両国がとった秘密主義は、各々の同盟国に不信感を抱かせ、中国、フランスの核武装化——すなわち、国際関係の「多極化」に扉を開くことになった。

海外援助

いずれにせよ、第三世界の革命との対峙は、ケネディ外交の中核であり続けた。特筆すべきは、ケネディ政権がトルーマンのポイント・フォー計画を踏襲した、大規模な海外援助政策を実施したことである。六一年一月に着任したウォルト・ロストウ国家安全保障担当大統領補佐官は、世界各地の低開発国に大胆な援助と投資を行い、アメリカ流の経済成長を与えることで共産化を防止できるという「近代化論」を唱えていたが、その基本的な考え方はリリエンソールの「TVAの海外輸出」まで遡ることができる。また、ダム建設に代表される大型の開発プロジェクトを各地に導入する一方で、ケネディが大学を出たばかりの若いアメリカ人ボランティアを大量に第三世界に派遣したことも注目に値する。平和部隊と呼ばれたこの若者達の多くは、東南アジアや中南米の農村で、元ニューディーラーの農事専門家やフォード財団等の財団職員と共に、「コミュニティ開発」と呼ばれた救貧、営農支援に携わった。

さらに、こうした海外援助が極めて政治的に活用されたことも指摘してよい。援助の最大のターゲットは「進歩のための同盟」計画における中南米諸国だった。親米の資本主義体制の維持が最大の目的だったが、キューバの二の舞を恐れるアメリカは、しばしば反共の独裁政権にも開発資金や軍事援助を与えた。一九六〇年代から七〇年代にかけてニカラグアのソモサやチリのピノチェトなど無数の非民主主義的な政権が存在したことは、アメリカの援助政策の性格をよく物語る。同様の問題は、対アジア政策にも当てはまる。ケネディは特に南ベトナムへの軍事支援を急激に拡大し、六三年までに一万五〇〇〇人を超える軍事顧問を送り込んだ。こうした政策が数年後に本格化するベトナム戦争の導火線となったことは言うまでもない。

六〇年代の市民権改革

国内政治においては、ケネディ大統領は福祉国家を主導する改革者でもあった。膨大な軍事費を支出しながら減税政策をとるなど、赤字財政でケインズ流の経済成長を追求し、また、都市の貧困や少年非行の問題にも積極的に取り組んだ。さらに、六三年六月、公約通り人種隔離を違法化する市民権法案を議会に提出した。しかし、法案審議が上院の南部勢力に妨害されて行き詰まるなか、一一月二二日、ケネディは遊説先のテキサス州ダラスで暗殺された。大統領に昇格することになった副大統領のリンドン・ジョンソンは、テキサス出身の南部民主党員だったが、かつて、ニューディールの全国青年局(NYA)の最年少幹部に抜擢されたリベラルだった。議会戦略に長けたジョンソンは、ケネディの遺志を継いで翌年七月、市民権法を成立させることになる。

この一九六四年市民権法は、公共施設の利用や投票、公教育において「人種、肌の色、宗教そして出身国を理由とする」差別あるいは分離を違法と定め、司法長官と市民権委員会(一九五七年設置)の権限を拡大して差別禁止の実効性を担保するものだった。また、同法は特に雇用差別に関する規定を持ち、大統領が任命する平等雇用機会委員会(EEOC)を新設していた。同委員会は雇用差別を認知した場合、司法長官に紛争への介入、連邦裁判所への提訴を求めるとされたが、こうした規定は、後に見るアファーマティブ・アクションの根拠となる重要な意味を持った。さらにジョンソンの政府は、翌六五年にも新たな投票権法を成立させ、州の投票登録の実務において差別があった場合、司法長官が是正のための介入を行うこととした。これまで州の地方自治の美名のもとに放置されてきた人種隔離と黒人投票権剥奪が、七〇年以上の時間を経てようやく連邦政府の直接的な規制によって廃絶されようとしていた。

この間、一九六四年一一月にはジョンソン初の大統領選挙があった。キングのSCLCや大学生を中心とする学生非暴力調整委員会(SNCC)をはじめとする市民権運動は同年夏、フリーダム・サマー運動を組織し、低南部での黒人選挙登録を助けた。また選挙後も、投票権の確立を求めて「セルマ行進」(アラバマ州)という大デモンストレーションを行ってジョンソンの改革を助けた。なお、この選挙ではジョンソンが一般投票の六一%を獲得して圧勝したが、低南部のルイジアナ、ミシシッピ、アラバマ、ジョージアでは州権派勢力が共和党に合流し、かつての「ソリッドサウス」の牙城は、南北戦争再建期以来はじめて共和党の手に落ちた。二大政党の地域ごとの勢力図は急速に変化しつつあった。

一九六五年移民法

ジョンソン政権は、移民政策においても、きわめて大きな変革を行った。一九六五年に成立した新移民法は、出身地による差別を原則なくし、家族の再結合と技能基準で優先順位を付けるものとなった。一九二四年の移民制限法の規制内容のうち、アジア系に関する「帰化不能外国人」条項は、一九五二年の移民法改正で削除されたが、出身国別割当制度自体はこの時まで継続していたのであり、まさに四〇年ぶりの抜本的改革となった。また、六五年法では年間二九万人という移民総数の制限がなされ、そのうち一二万人は西半球に割り当てられた。

第三章で見たように、中南米移民の数量規制は、一九二四年法でもなされておらず、今回はじめての措置となった。特にメキシコ移民は、大恐慌期の大量帰国を経て、一九四〇年代には一転、戦時下の労働力不足を補うべく総計五〇〇万人のゲストワーカー(ブラセロ)として受け入れられた。だが、新移民法の前年、この米墨ブラセロ協定は打ち切られ、これまで景気の動向と労働力需給の安全弁として活用されてきたメキシコ移民の位置づけは大きく変わろうとしていた。六五年移民法は西半球からの移民を法的に管理するなかで、ブラセロ時代の自由な人口移動に付随した大量の非正規移民や違法状態で滞米する元ブラセロ労働者を「望ましからざる外来者」として炙り出すことになった。このことが、今日の非合法移民問題に直結することは言うまでもない。

「偉大な社会」の貧困問題

このような新しい人種関係の構築や移民問題の変容を考えるとき、とりわけ重要なのは、ジョンソン政権が、アメリカ版福祉国家の頂点とも言うべき「偉大な社会」の到来を標榜し、「人間の貧困に対する総力戦」を宣言(一九六四年一月一般教書)したことである。具体的にジョンソンは、大都市の黒人地区をターゲットにした六四年経済機会法で、低所得層の幼児教育を支援する「ヘッドスタート」、若年失業者を減らすための職業訓練プログラム「職業部隊」などを立ち上げていく。さらに再選後のジョンソン大統領は、より一般的に、差別の撤廃や機会の均等だけでなく、いわゆる「結果平等」にもコミットする姿勢を明確にする。「我々は法的な平等だけでなく……事実としての平等、結果としての平等を求めます」と語ったハワード大学での演説（六五年六月）は有名であるが、事実ジョンソンは、翌七月には六五年医療法を成立させ、低所得者への医療給付を行う「メディケイド」、高齢者と障碍者向けの医療保険である「メディケア」を制度化した。

こうした「偉大な社会」政策の中には、メディケアのようなニューディール由来の社会保障と経済機会法に代表される救貧、ないしは、貧困コミュニティへの政府介入の政策が混在したが、特に後者の「福祉」＝対貧困戦争政策については、その原点となったのは、一九六二年に出版されたマイケル・ハリントンの『もう一つのアメリカ』であった。戦後の経済繁栄の中に、なお数千万人の貧困者が存在することを告発した同書は、当時たいへん大きな影響力を持った。ハリントンは言う、困窮者は「貧困の文化」に囚われており、自力でこれを断ち切ることはできない。それゆえ「より大きな社会〔の〕……支援とリソース」すなわち連邦政府権力による介入が不可欠であると。また、かかる貧困の文化は人種マイノリティの居住区に偏って存在するとも言う。「黒人であることは……貧困と恐怖の文化に加わることだ」というのだ。さらに、ハリントンはこの大都市の貧困地区を第三世界のメタファーで描写していた。曰く、「合衆国の中にはひとつの低開発国……が存在する」、にもかかわらず、いつまでこれを無視していられようかと。

こうした叙述には、同時代の海外援助政策やその後の「人種」問題の変容を考えるとき、看過できないものがあった。なによりも、ポスト市民権法時代の「人種」は文化的なものとして定義されるからである。つまり、生物学的、あるいは科学的人種主義がようやく退潮した一九六〇年代以降、生活様式の違いなど集団間の文化的差異の感覚として、新しい「人種」が再生産されている。「貧困の文化」とスラムの住民の非白人性を分かちがたく結びつけるハリントンの議論は、そうした今日の文化的人種主義や人種化された貧困論を先取りするものといってもよい。

コミュニティとボランティア

ハリントンと多くの点で貧困観を共有したジョンソンの対貧困戦争には、従来の救貧政策にはない二つの特徴があった。ひとつはコミュニティ・アクションという仕組みである。経済機会法は貧困対策の対象地域に非営利団体を組織させ、プログラムの運営主体と位置付けた。六〇年代中葉には、政府補助金の受け皿として一〇〇〇を超える地域団体が創設されたが、その意思決定には住民自身の「可能なかぎり最大限の参加」が求められた。第二の特徴は、大量の若いボランティアが貧困地区に入ったことである。その主力となったのは、平和部隊を国内の支援活動に転用したVISTAプログラムであった。ジョンソンはVISTAを対貧困戦争の主軸と位置付けており、事実、平和部隊の創設者、サージェント・シュライバーを経済開発局の局長に任じ「偉大な社会」政策全般の舵取りを行わせている。

ところで、このコミュニティ・アクションと青年ボランティアという組み合わせからわかることは、例えばニューヨーク市のハーレムに代表される貧困地区での改良活動が、第三世界での「コミュニティ開発」と同じ枠組みで行われていたことだ。実のところ、コミュニティ・アクションの地域団体は、多種多様な出自を持つコミュニタリアンが参加する場となった。ニューディール左派の地域活動家や平和部隊の経験者、さらには各種財団の慈善活動家がこの制度に吸引されていった。つまり対貧困戦争には冷戦の文脈で進められた、第三世界での経済援助政策の本国還流としての性格があった。

だが、そのことはジョンソンの福祉政策に独特の貧困観を刻印せざるをえなかった。アメリカの大都市の一角にアジアや中米と同様の貧しい「村」を発見し、「国内の低開発地帯」と呼ぶ改革者——彼らがそこに住む黒人やメキシコ移民を見る眼差しには、人種主義の影が深く刷り込まれていた。そして、そのことが、対貧困戦争がニクソン政権の対犯罪戦争、ロナルド・レーガン政権の対麻薬戦争へと、住民監視、治安重視の政策として継承されていく要因の一つであった。実際、ジョンソン政権自体が一九六八年夏、キング牧師の暗殺を受けて黒人の都市暴動が全米に広がる中で、包括的犯罪抑止・路上安全法という黒人やラティーノの貧困地区をターゲットとした治安立法を求めることになる。二〇世紀福祉国家の貧困撲滅政策の中に、今日の拘禁国家(carceral state)の原型が芽生えていたのである。

ベトナム戦争とニューレフトの衝撃

ジョンソン政権が抱えたもう一つの重大な問題は、ベトナム戦争の政治であった。元来、ジョンソンは大統領昇格以来、ケネディの南ベトナム支援政策を引き継いできた。だが、六四年夏までには直接的な軍事介入が必要だという認識が政府内に広まり、六四年の大統領選挙後、「北爆」を開始するなどベトナムに本格的に侵攻した。

これに対して国内では、一九六五年のミシガン大学でのティーチ・イン(討論集会)をきっかけに、学生を中心とする反戦運動が盛り上がりを見せた。また、その中にいわゆるニューレフトのグループが含まれたことは運動を著しく反国家的なものにしていった。その代表格である「民主主義のための学生同盟」(SDS)は、一九六二年に、反核・軍縮、人種平等、参加民主主義を掲げるポート・ヒューロン宣言を採択し、冷戦下のリベラル・コンセンサスや南部の保守政治を強く批判した。おそらく五〇年代の大衆社会論の影響を受けたニューレフトは、「大きな政府」や全国労組の官僚主義を軽蔑し、よりダイレクトに黒人の市民権運動や女性解放運動と連携する道を求めた。草の根の民主主義を理想視する彼らにとって、既存の大学や民主党組織、労働組合はもはや硬直化した旧「制度」に過ぎなかった。それは新しい左派からの国家安全保障国家＝ニューディール政治への痛烈な一撃であり、七〇年代中葉以降のニューディール衰退に計り知れない影響を与えた。

ベトナム反戦運動は、その他にもウーマンリブを旗印に「第二波フェミニズム」を教導した全米女性機構（NOW）や、非暴力主義と決別し「ブラック・パワー」を名乗るようになったSNCCなど、既存の政治秩序に反発する多様な新世代の社会運動を糾合し、大きなうねりを作り出していった（カウンターカルチャー）。なかでもブラック・パワーの運動には、彼らが信奉したマルコムX等の思想を介して、世界規模の反植民地主義の伝統に連なろうとする熱情があった。そうしたアメリカ黒人によるグローバルな主張には、第一次大戦後のガーヴェイの運動やデュボイスのパン・アフリカニズムなど、多くの先行者がいたが、それはまさに冷戦期の政治構造の中で徹底的に抑圧された立場であった。その意味で、ブラック・パワーが持った現状への批判力には決して軽視できないものがあった。

一方、膨大な戦費は六八年には二五〇億ドルという巨額の財政赤字を生み、国内の対貧困戦争は資金不足に陥っていた。また、ベトナムの状況も次第に悪化していった。一九六八年一月の「テト攻勢」ではサイゴンのアメリカ大使館が占拠され、しかもその様子が、戦争で荒廃した南ベトナムの首都の姿とともにテレビで全米に伝えられた。これを機に反戦世論が一気に高まったのはいうまでもない。ジョンソン政権は勝利の可能性もないまま、この「泥沼」をさまようしかなかった。ベトナム戦争をめぐる内外の圧力に晒されたジョンソンは、結局この年の大統領選挙に出馬することさえかなわなかった。

同年八月の民主党大会は、史上まれにみる混乱の中で開催された。キング牧師とロバート・ケネディが相次いで暗殺された影響で、この時、全米一二五の都市で黒人住民による暴動が続発していた。また、シカゴの大会会場にはニューレフト系のベトナム反戦勢力がなだれ込み、警官隊と流血の抗争を繰り広げた。テレビ中継で全米に報じられた、そのカオス的な状況は、過去三〇年以上におよぶ民主党時代の「終わりの始まり」を印象付けるものであった。一一月の本選挙で、民主党はついにニクソン共和党の軍門に下った。民主党のヒューバート・ハンフリー候補(現職副大統領)は、ワシントンDCのほかに一三州しか獲得できず、低南部もポピュリスト政治家ジョージ・ウォーレスのアメリカ独立党に押さえられてしまった。それは単にベトナム政策の失敗に起因する敗北ではなかった。これまでも徐々に深まっていたニューディール連合の矛盾がついに臨界点に達して、多数派形成の能力を失ってしまったのだった。

第六章　過渡期としてのニクソン時代

「バス通学」の風景

1　サイレント・マジョリティの発見

「忘れられた人々」の再来

民主党から共和党への歴史的な政権交代をもたらした一九六八年の大統領選挙では、いくつもの重要な争点があった。ひとつはベトナム問題である。ニクソンは「名誉ある撤退」を公約に掲げ、停戦に向けて現実的な路線を模索することを言明していた。他方、ハンフリー民主党候補は、現職の副大統領という立場上、戦争政策の今後について態度を鮮明にするのが困難だった。またニクソンは、都市暴動と反戦デモに揺れるアメリカ社会に「法と秩序」を回復すると宣言した。この点についても民主党の立場は苦しかった。八月の民主党大会そのものが騒擾の場と化したことは、テレビ報道を通じて、アメリカ国民の広く知るところだったからだ。さらに、こうした問題と深く結びつきながら、より重要な展開として指摘できるのは、長く民主党の支持基盤であった南部と北部の白人労働者を狙い撃ちした選挙キャンペーンを共和党が積極的に行ったことである。その意味で、ニクソンが共和党候補者指名大会で語った次の言葉は印象深い。

〔今や〕都市は煙と炎に包まれ、夜にはサイレンが鳴り響く。遠く海外の戦場で死にゆくアメリカ人、国内で互いに憎しみ合い、戦い、殺し合うアメリカ人達。数百万人のアメリカ人が怒りに震えているのがわかる。……それはもう一つの声……阿鼻叫喚の喧噪の中での静かな声だ。それは大多数のアメリカ人、忘れ去られたアメリカ人――デモで雄叫びをあげるような人ではない――の声である。

注目すべきは、ここでニクソンが「忘れ去られたアメリカ人」という言葉を用いて、その代弁者たらんとしていることである。おそらく、この表現はフランクリン・ローズヴェルトが一九三二年の選挙戦で用いた「忘れられた人々」のレトリックを借用したものであろう。ただし、その意味するところは大きく異なる。ローズヴェルトの「忘れられた人々」の前には、「経済ピラミッドの最底辺にいる」という言葉があり、大恐慌の経済破綻に呻吟する失業者や農民を指していた。一方、ニクソンの「忘れ去られたアメリカ人」は、経済的な困窮者などではなく、市民権運動やカウンターカルチャーの台頭に、地位不安を感じる「サイレント・マジョリティ」であった。そして、ニクソンはそうした潜在的な保守勢力が、南部の守旧派だけでなく、北部の労働組合員やホワイトエスニックの中にも広く存在することを見抜いていた。全米で隈なく得票し、三二州を獲得した選挙運動は、共和党の未来に明るい光をもたらしていた。

もう一人のウォーレス

こうしたニューディール連合からの不満分子の引きはがしは、さらに右寄りの政治が追求した戦術でもあった。六八年大統領選挙にアメリカ独立党候補として出馬した元アラバマ州知事G・ウォーレスは、頑迷な人種主義者、ポピュリスト政治家として知られた人物であるが、彼の主張もまたサイレント・マジョリティの立場からなされていた。選挙運動の中でウォーレスは次のように語った。

選ばれたエリート集団……偽インテリの政府が町の平均的な人々――ガラス工、鉄鋼労働者、自動車労働者、繊維労働者、農業労働者、警察官、美容師、理容師、小経営者――を見下し、説教壇や大学のキャンパス、新聞社のオフィスから説教をたれ、俺たちがガイドラインを書いてやらなければ、お前たちは朝どうやって起き、夜どうやって寝るかもわからないと言っているのだ。

こうした発言は、ベスト・アンド・ブライテストを自任したケネディ兄弟等、民主党のリベラル・エリートをことさら敵視し、彼らが唱えた平等社会の理想に拒否反応を示すものだった。だが、この悪罵は選挙民から小さくない共感を受け、G・ウォーレスの支持率は九月の世論調査では二五％に達していた。結局、ウォーレスは一般投票で九九〇万票（得票率一三・五％）を獲得し、先述のとおり、低南部五州の選挙人を獲得したのだった。さらに指摘すべきは、この五州を含む南部すべてが、次の七二年大統領選挙では共和党支持に移行し、その後、ジミー・カーターやビル・クリントンの選挙で民主党により戻す時期もあるが、二一世紀への転換期まで、ほぼ共和党の強固な票田となった事実である。G・ウォーレスのポピュリズムを媒介として、ニューディール連合を解体に追い込んだ共和党は、自らも南部の政党、反リベラル労働者の政党としての新しい顔を持ちはじめていた。

「名誉ある撤退」とデタント

一九六九年一月に発足したニクソン政権にとっても喫緊の課題は、やはりベトナム問題の出口を早急に見出すことだった。ニクソンは同年七月、アジアの同盟諸国を訪問し、その途上のグアムで新政権のアジア外交について記者会見した。この中で新大統領は、今後もアメリカの「核の傘」を維持するとしながら、安全保障に関して同盟各国の自立に期待すると言明した。

こうしたアジアでの自国の軍事的関与を抑制しようとするアメリカの方針は、ニクソンが一一月に行った演説でより明確に打ち出された。「ニクソン・ドクトリン」として知られるこの対アジア政策は、再び同盟各国の軍事防衛上の自己責任を強調するものであった。それは泥沼化するベトナム戦争の文脈からいうと、南ベトナム軍事の「ベトナム化」、すなわち米軍の段階的撤退と現地人中心の軍編成への転換を意味した。実際、米軍は一九七二年末までに主力をほぼベトナムから撤収したのだった。

またニクソンは、中ソ対立の間隙を縫って中国に接近する戦略を模索した。一九七二年二月には中国への公式訪問を果たして北ベトナムを孤立させ、翌七三年一月のパリ和平協定(ベトナム休戦)を実現した。こうした新しい外交路線の背景には、ニクソンと大統領補佐官ヘンリー・キッシンジャーの現実主義があった。ナポレオン戦争後のヨーロッパ国際関係の研究者としても知られたキッシンジャーは、主権国家の勢力均衡論に知悉し、現実的なパワー・ポリティックスの実践を提唱した。それは、ウッドロー・ウィルソン以来の歴代民主党大統領に受け継がれた理想主義的な普遍外交の代案と言いうるものだった。このニクソン＝キッシンジャーのリアリズム外交は、ベトナム和平と密接に関連しながら、ソ連との間にも歴史的なデタント(緊張緩和)をもたらした。ニクソンは中国訪問に続いて七二年五月にはソ連にも訪れ、第一次戦略兵器制限協定(SALT)に調印したのである。それは、米ソ両国の戦略兵器数を互いに規制する、ある種の軍縮規約であった。

このように「西側」防衛の一部を、いわば同盟国にアウトソーシングし、自らは軍事的な責任を「国益」の範囲内に留めようとするアメリカのアジア外交は、同時に中国、そして、ソ連との友好関係に依拠したものであった。別言すると、それは共産主義諸国の勢力圏を容認し、また中ソ対立や第三世界の台頭に顕著な世界の「多極化」をふまえて、平和共存を目指す政策だった。そして、このリアリズムは、アメリカ的生活様式と全体主義を対置して、前者の世界化を信じた従来のイデオロギー外交とは一線を画していたと言ってよい。

ニクソン・ショックと労働者の不満

ところで、現実主義の名の下に行われた帝国のダウンサイジングは、当時のアメリカが陥っていた危機的な経済状況を反映したものでもあった。これまでの対外援助やベトナム戦争の戦費負担からくる巨額の財政赤字は、一九七〇年頃、ついに急激なインフレをアメリカ経済に招来した。ニクソンは前政権までの高度経済成長路線を改め、財政の健全化を目指したが、インフレは一向に収まらず、むしろ景気下降が同時に進行するスタグフレーションに陥ってしまった。共和党の政府は、「大きな政府」を批判し、社会福祉の理想に代わって、個人主義と自助の精神を賞揚したが、市井の人々の暮らしは厳しさを増していた。七一年には物価指数は前年より四・五%も上昇し、失業率も六%を超えていたのである。

また同じ時期に、アメリカ経済は国際的な競争力も失いつつあった。貿易は大いに不調をきたし、約八〇年ぶりに国際収支は赤字に転じてしまった。そのため、戦後、国際基軸通貨として君臨してきたドルの信用はにわかに低落し、世界各地の外為市場は混乱をきたした。対応を迫られたニクソン大統領は、一九七一年八月、賃金と物価を九〇日間据え置くとともにドルと金の兌換を停止すると宣言した(「ニクソン・ショック」)。それはドルの価値を引き下げることで、貿易収支を改善しようという施策であったが、むしろドルの下落に拍車をかけることになり、七三年三月、世界の為替取引は変動相場制に移行した。このブレトンウッズ体制を瓦解せしめた一連の経緯は、内外にアメリカの経済力の低下を強く印象付けよう。

国内でかかる展開にいち早く反応したのは、郵便と鉄道、そして各種製造業の労働者であった。アメリカの一九七〇年代は、激しい労働紛争とともに幕を開けた。七〇年三月、低賃金を不満とするニューヨーク市の郵便局員がストライキに突入したのを皮切りに、同年秋から自動車大手のゼネラル・モーターズで史上最大規模の争議が起こり、さらに、労働者の反乱は南部の繊維産業にまで及んだ。争点は、多くの場合、インフレに応じた賃上げ要求と海外企業との競争から導入された合理化への抵抗であった。また、全国労組の統制を無視した地域レベルの山猫ストが多発したのもこの時期の特徴だった。それは、まさにアメリカ製造業の弱体化のしわ寄せを受けた、「忘れられた」一般労働者の悲痛な叫びであった。

だが、この不満は必ずしもニクソン共和党政権には向かわなかった。七〇年代前半の労働不安の中には、独特の文化的な保守性が充満していたからだ。むしろ、熟練職種を中心に白人労働者の間には、人種差別的な雇用慣行を是正しようとするリベラルや若者のカウンターカルチャーに対して否定的な感情が渦巻いていた。一九七〇年五月八日、ニューヨーク市で勃発した、建設業組合による反・ベトナム反戦運動の擾乱（「ヘルメット暴動」）はその好例だった。この日は早朝から、四日前に警官隊との衝突で命を落とした反戦学生（ケント大生事件）の追悼集会が開かれていたが、これを標的に作業用のヘルメットを着用した約二〇〇人の建設労働者が襲撃を加えたのである。彼らは「アメリカを愛せ！　さもなくば、国から出ていけ！」と連呼しながらウォール街やブロードウェイを練り歩き、愛国と反共の労働者階級文化を誇示したのだった。

2　権利の政治と破砕の時代

七〇年代のＥＲＡ

このように、ニクソン政権期には「サイレント・マジョリティ」の反動的な大衆感情が暴発することが幾度もあったが、その一方で六〇年代から続くカウンターカルチャーが一定の成熟をみせ、ある程度その理念が社会に受け入れられていった時代でもある。特に、女性やマイノリティの個人としての権利を要求する主張には広範な共感が寄せられるようになった。そして、この過渡的な政治状況の中で、憲法の男女平等権修正条項(ERA)が初めて両院を通過した事実はやはり見逃せない。

七〇年代のERAを主導したのは、ウーマンリブと呼ばれた新しいフェミニズム運動だった。この運動の原点となったのは、一九六三年におけるベティ・フリーダンの『女らしさの神話』の出版である。同書は、母親・主婦としての「女の幸せ」を説いた戦後大衆文化のイデオロギーが、いかに個人としての女性を抑圧してきたかを告発するものであった。この中で、フリーダンは五〇年代を特徴づけた豊かな郊外の家庭生活を「収容所」になぞらえ、この牢獄から女性を解放せよと論じた。それは男女同権を求める歴史的なフェミニストの主張を継承するとともに、ニューディールとGIビルがもたらした「豊かな社会」を否定的に捉えるものでもあった。その後、黒人の市民権運動の成功にも鼓舞されて、一九六六年にはフリーダンに賛同するフェミニスト達は全米女性機構(NOW)を結成した。NOWはニューレフトの社会批判にも共鳴し、ベトナム反戦運動の一翼を担うとともに、一大目標としてERAを目指してきた。

NOWのロビー活動の甲斐あって、「合衆国およびすべての州で、法の下での権利の平等は、性別によって否定され、制限されてはならない」というERA条項は、一九七一年一〇月に下院、七二年三月には上院で、いずれも大差をつけて承認された。残すは州批准のプロセスであったが、それも同年中に二二州が批准し、翌年には八州がそれに加わった。この成果は、二つの点で重要な意味を持った。

第一に、NOW等の運動が、黒人の市民権運動によって先導された新しい権利意識的な政治を引き継ぎ、社会の主流に定着させていったことだ。実のところ七〇年代前半は、女性運動の他にもアメリカ・インディアン運動(AIM)など先住民の補償要求運動や、セザール・チャベスのメキシコ系農業労働者の組合運動などが大きく躍進した時期でもあった。また、ERAと関連するものとしては、ゲイの権利運動の台頭もあった。一九六九年六月、ニューヨーク市で警察のハラスメントに抗議したゲイバーの顧客が直接行動に訴えるという事件(ストーンウォール暴動)があったが、翌七〇年には同市でアメリカ初の「ゲイ・プライド・パレード」が開催されたのだった。

第二の論点は七〇年代のERAと「社会的なもの」との関係である。本書第三章で見たように、ERAが初めて議会に提案されたのは一九二三年に遡る。だが当初から、福祉や労働運動に近いフェミニストは、ERAによって貧しい母親を保護する諸法、諸制度が破壊されると反発していた。この現実的な弱者保護——悪く言えばある種のパターナリズムの思考は、経済的セキュリティを第一義的な統合原理としたニューディール秩序の中でも温存され、男女同権は必ずしもリベラル・アジェンダの中心を占められなかった。

そのことをふまえると、NOWが主導した七〇年代のERA運動においては、なによりも労働組合AFL-CIOが初めて本格的に支持を表明したことが印象的だった。その背景には、六〇年代に高学歴のあるいは中産階級出自の女性勤労者が急増したこともあっただろう。また、女性はもはや特別な保護を必要とする弱者ではないとする、自助と自立の規範が、リベラル主流に広がっていたこともあるだろう。

もちろん、保護すべき母性がなくなったわけではない。むしろ一九六〇年代に要扶養児童支援(ADC/AFDC)の受給者は、黒人女性を中心に大幅に増加していた。だが、ジョンソン政権末期、一九六七年の社会保障法の改正を嚆矢として、AFDCを受けるシングルマザーに就労訓練を義務化する「就労奨励プログラム」が制度化され、七〇年代に入るとますます彼女らの労働参加への圧力は高まっていった。この「自立」の政治が、リベラルが主導した「対貧困戦争」の中に埋め込まれていた事実は、七〇年代のERAの展開とも無関係ではないだろう。むしろ、ERAに反対し、母性と女性性の社会的な保護を求める主張は、「ニューライト」と呼ばれる新しい保守主義の側からなされるようになるのである。これもまた長いニューディールの終焉を予見させる展開であった。

アファーマティブ・アクション

六〇年代のリベラル政治からの継続性はニクソン政権期の行政にも多く見られた。今日、ある種の皮肉を込めてニクソンを「最後のリベラル大統領」と呼ぶ論者も少なくない。たしかにニクソンは大統領在任中、「偉大な社会」の市場干渉を批判し、自助のイデオロギーを声高に叫んでいた。だがそれにもかかわらず、その政府は新たに環境保護局を設立したり、メディケアやメディケイドといった社会保障制度に多額の資金を投入したりと、ニューディールの延長とも見える政策を行っていた。そのように前政権から引き継がれた社会政策の中に、人種差別の積極的是正措置(アファーマティブ・アクション)があった。

この特定の集団への「優遇枠」を前提とする反差別政策は、一九六四年市民権法の規定に基づくものだが、最初の事例となったのはジョンソン政権の通称「フィラデルフィア・プラン」(一九六七年)であった。ジョンソンは、歴史的に白人の労働組合員が雇用を独占してきたフィラデルフィアの建設業に注目し、特に連邦政府の事業を請け負う私企業に黒人の雇用を義務付けようとした。しかし、連邦会計検査院がこの政策に含まれたマイノリティ雇用の数値目標を違法(市民権法の雇用機会均等条項に抵触)であると指摘したため、計画は頓挫してしまった。その後、フィラデルフィアでは市当局と地域の人権活動家が協力し、都市レベルのアファーマティブ・アクションが実践されるが、連邦のプレゼンスは一歩後退することになった。

一九六九年六月、発足したばかりのニクソン共和党政権はジョンソンのアファーマティブ・アクション計画を一部改定したうえで、全国規模で実施する方針をとった。この改定フィラデルフィア・プランはその「優先枠」について論争を巻き起こしたが、七一年には最高裁がこれを容認する判決を下した。以後、マイノリティの優遇措置は、時に白人男性から逆差別の誹《そし》りを受けながらも、一つの制度としてアメリカ社会に受け入れられていく。

一見この展開は、市民権運動の理想が六〇年代末の政権交代をものともせず、歴史の必然のごとく成就していく過程にも見える。だが、ここにはいくつか注意しなければならない問題がある。ひとつには、アファーマティブ・アクションには、七〇年代に広く受容されたマイノリティが個人としての平等の権利を求める主張とは、本来的に異質なものがある。ERAを要求したフェミニストの多くがこの制度に否定的であったのは偶然ではない。つまり、アファーマティブ・アクションは、あくまで黒人や女性といった非選択的な属性に依存した資源分配の政治である。民主的統治の空間に「集団」の存在を前提とする多元主義といってもよい。しかも、その多元主義はニューディール秩序を構成した経済的な多元主義ともホワイトエスニックの文化多元主義とも異なり、人種と性別が主たる単位となるものだった。

このアファーマティブ・アクションの反ニューディール的な性格は、なぜこの制度が保守的なニクソン政権期に全国化し、定着していくのかを説明しよう。すなわち、ニクソンが推進した雇用に関する優遇措置は、白人が多数を占める労働組合と黒人労働者を離間させ、かつて一枚岩と言われた南部の民主党支持者の間にも複雑な分断を持ち込んだ。ニクソンの真意が奈辺にあったかは別にして、アファーマティブ・アクションの導入が民主党ニューディール連合を効果的に破壊し、共和党の党勢拡大を図るうえで合理的な選択であったことは確かであろう。

バス通学

ニクソン政権期に行われた行政施策のなかで、アファーマティブ・アクション以上に直接的かつ感情的な社会分断をもたらしたのが「バス通学(busing)」制度であった。「バス通学」とは、公教育の人種統合を進めるために、遠距離のバス輸送でもって郊外の白人児童と都市中心部の黒人児童を一定数シャッフルし、既存の学校の「共学化」を進めようとする取り組みである。一九六九年の最高裁判決(アレグザンダー対ホームズ郡教育委員会)で、従来の「慎重な速度」での人種統合という考え方(「ブラウンII」判決)が差別温存のエクスキューズになっていると批判されたのを受け、即時の人種統合を求める南部の諸自治体が「バス通学」を試行しはじめた。

当初から白人の親の反発は強く、ノースカロライナではバス通学を用いた統合の「強制性」が違憲だとして提訴された。だが、これに対する一九七一年の最高裁判決(スワン対シャーロット＝メクレンバーグ郡教育委員会)は、「バス通学」は生徒の人種比率の不均衡を改善する方途として——たとえその不均衡が地理的な条件によるものであったとしても——適切なものであると宣言した。この決定は、居住区による人種分離が歴史的に存在してきた北部都市圏でも同様の不均衡の是正が求められることを意味した。そして、北部に移住し、都市内部の貧困地区に暮らす黒人の親は、「バス通学」による子供世代の格差解消＝「社会的な平等」に期待をかけた。

これを受けた一九七三年の最高裁キーズ判決(キーズ対デンバー第一学区)は、州法等によるジム・クロウ制度を持たなかったコロラド州にも「バス通学」を承認した。それは、居住区と教育の「事実上の」分離の領域にまで踏み込んだものとなった。だが、この北部都市の「バス通学」は激烈な反発を各地の白人労働者層の間に巻き起こした。例えば、ボストンのアイルランド系白人地区サウスボストンでは、バス通学する黒人児童に対するヘイトスピーチや投石が常態化した。当時ボストンで組織された反「バス通学」団体の名称——「我々の疎外された権利の回復」(ROAR)——には、市民権運動や左翼カウンターカルチャーに圧迫されてきた、かつてのサイレント・マジョリティの偽らざる感情が表現されている。

翌年、最高裁は五対四の票差で方針を転換し、学区内に意図的な差別がないかぎり学区の境界を越えた遠距離の児童交換を義務づけることはできないと判決した(ミリケン対ブラドレー裁判)が、すでに北部都市の住民の間には埋めがたい溝ができてしまった。歴史学者ダニエル・

ロジャーズは、一九七〇年代における「人間生活の統合的側面」の後退を指して、「破砕の時代(age of fracture)」の到来を論じたが、こうした人種に基づく新しい「社会的不平等」の再生産は、前章で見た警察権力による黒人貧困層の監視、拘禁とあわせて、解体しつつあるアメリカ社会をさらに鋭く切り裂いていった。そしてこの亀裂と矛盾は、七〇年代の民主党政治を特に深く傷つけた。端的にいって当時の民主党は、南部保守勢力の離脱をなかば諦めつつも、ニューディール以来のホワイトエスニック労働者からの集票を維持し、これに加えて市民権運動を支持する都市リベラルと黒人票を新たな基盤に組み込もうと尽力していた。だがそうした戦略はアファーマティブ・アクションと「バス通学」によって破滅的な打撃を受けたといってよい。

一九七二年選挙とその後

かくして七二年一一月の大統領選挙は、一般投票で六〇・七%を得票した現職ニクソンの地滑り的勝利となった。民主党候補のG・マクガヴァンは、伝統的なリベラル・労働者連合を模索したが、結局AFL－CIOは二大政党のいずれの候補も支持しなかった。これに対してニクソンはG・ウォーレスの地盤の低南部五州を押さえただけでなく、マサチューセッツとワシントンDC以外の全四九州の選挙人を獲得したのだった。勝因はベトナム撤兵政策が広く支持されたことに加え、従来の民主党の票田であった白人労働者票を多く取り込めたことにある。ニクソンは保守系の共和党候補でありながら、労働組合票の五四％、不熟練労働者票の五七％を確保した。「忘れられた人々」の多くは、ついに保守的な共和党政治の支持者となったのである。

だが、この完璧な勝利のわずか数カ月後にニクソンはスキャンダルにまみれ、立ち往生していた。選挙期間中に共和党陣営が民主党事務所を盗聴した疑いがもたれたのである（ウォーターゲイト事件）。しかも、時間がたつにつれて大統領自身の関与が明らかになっていき、ついに七四年八月、下院による大統領弾劾を直前に控えたニクソンは自らホワイトハウスを去った。ベトナムでの敗北とアメリカ帝国の軍事的、経済的後退の時期に重なるこの出来事は、政府や官僚機構に対する国民の信頼を大きく失墜させた。

またウォーターゲイト事件が生んだ政府への疑念は、経済の悪化を背景とする、福祉国家＝「大きな政府」との決別という一般的な傾向をさらに加速させることになった。七〇年代には、いわゆる経済的リバタリアンの台頭を見、その市場崇拝の思想が広くアメリカ大衆の間で規範化されていった。一般に「社会的なもの」への知的関心は薄れ、その結果、七〇年代の批評家、トム・ウルフが「自分時代（Me-Decade）」、クリストファー・ラッシュが「ナルシシズムの文化」と呼んだような、内向的な個人主義が猖獗《しょうけつ》をきわめたのであった。反面、国家の力を用いた社会改良という革新主義以来のリベラル・プロジェクトは、おそらく「環境保護」という新分野をのぞいては、全く不人気となった。テクノクラートの国家統治に対する「大衆」の反感には実に根深いものがあった。その一方で、ロジャーズのいう「破砕」、すなわち、ニューディール的な社会統合の解体を精神的に補填するものとして、宗教原理主義のごとき反主知主義の保守思想が人気を集めることにもなる。これまで公論の中心であった社会や経済の問題にかわり、反中絶（家族・性イデオロギー）、反ＥＲＡ（ジェンダー・ロール）、反アファーマティブ・アクション（機会の均等）、反犯罪・反麻薬（法と秩序）といった「文化的な」問題ばかりが声高に語られる――そのような新しい保守主義の時代に、アメリカは突入しようとしていた。

おわりに

一九七三年――二〇世紀の夢のあと

二〇世紀の初年、一九〇一年から書き起こした本書の終着地点は一九七三年としている。ウォーターゲイト事件が発覚したこの年は、アメリカ史の大きな曲がり角であったからだ。そして、この年を境に、これまで述べてきた「二〇世紀アメリカの夢」――すなわち、アメリカ社会から貧困と不平等をなくし、世界の人々にも自由と豊かさを分け与えようという奮闘――の物語は、相当に異なるパラダイムに転換されていくように見える。

まず、この年の一月には、ベトナム和平のためのパリ協定が締結され、その直後に徴兵の停止が告知された。この決定は、政府が徴兵カードを焼いた反戦学生に譲歩したというようなものではない。ニクソン政権は発足当初の一九六九年三月以来、大統領全志願兵軍委員会(通称ゲイツ委員会)なる諮問機関で徴兵の停止を検討してきた。そして、この委員会を取り仕切ったのが、著名な新自由主義の経済学者ミルトン・フリードマンだった。フリードマンは、徴兵制は官僚国家による国民の強制的徴用だと批判し、兵士のリクルートは自由な市場における個人の選択を介して行われるべきだと主張した。また、募兵を市場化することで政府の財政負担は減り(「小さな政府」化)、他方兵士にはより高い賃金を保証できると論じていた。

だが、この志願制への変更は、第一次大戦での徴兵以来、軍事奉仕と十全なる市民権を結びつけてきた二〇世紀の「社会的な」国民国家の基本構造を揺るがすものではあるまいか。女性や黒人は、軍務、わけても銃を持った戦闘任務から歴史的に除外されてきたという事実が自らの従属的な地位と不可分だと考えてきたのであり、事実NOWは今日なお軍務の「平等」を強く訴えている。ちなみに、全志願兵化の初年度の応募者においては、黒人の比率がその人口比の三倍以上に達していた。批判的な論者はこれを「貧者の徴兵」と呼んだが、アメリカの国家と市民の関係は根本的に変わりつつあった。

この七三年の初頭には他にも印象的な出来事が数多く起こっている。徴兵停止と同じく一月には、人工中絶の合法性を告げる最高裁判決(ロー対ウェイド)が出され、翌二月にはアメリカ・インディアン運動による、かつての先住民大量虐殺の舞台ウンデッド・ニーの占拠が行われた。このような権利意識的な政治デモンストレーションが、軍事奉仕の市場化と同時に行われていた事実は興味深いが、さらに注目すべきはこの七三年初頭には、一九〇一年にジョージ・ホワイトが議席を失って以来、七二年ぶりに二名の低南部選出の黒人下院議員が誕生したことだ。地方レベルでもクリーヴランド、デトロイト、アトランタに次々と黒人市長が誕生し、七〇年代中葉の南部では、黒人の公職保有者は二〇〇〇人を超えた。市民権運動が切り拓いた、形式的な平等は、一部の女性や黒人エリートの著しい地位向上を実現した。もっとも、そのこと自体は、自由な市場における「個人の選択」という新時代の風潮と親和的ですらあった。

だが、かかる展開は、都市中心部に暮らす黒人貧困層の社会的な疎外と表裏をなすものであった。この七三年の六月、前章で触れた「バス通学」をめぐって最高裁キーズ判決が出されている。それは、北部都市でも学校の人種統合をすすめるために強制的な児童交換を求めるものだった。しかし、この政策が白人市民から暴力的な反発を受けたことはすでに述べた通りである。そしてこのとき、「社会的な平等」すなわち、「ゲットー」からの脱出を願う黒人住民はこのバックラッシュに対抗する十分な社会的リソースを持ちえなかった。市民権運動がマイノリティの個人としての「権利革命」を勝ち取ったことは、労働組合との確執を見れば明らかなように、歴史的な福祉国家に固有の集合性を毀損せずにはおかなかった。このとき、異なる生活文化に暮らす他者（=貧者）として、新たに人種化された黒人貧困層やシングルマザーの困窮者は成すすべもない。むしろ、七〇年代の黒人エリートやスーパーウーマンの登場は、福祉国家の瓦解と市場原理主義が生み出した新しい格差や疎外を見えにくくする効果を持ったかもしれない。

とはいえ、社会的なリソース、あるいは社会資本の喪失はマイノリティのみが被った災厄ではなかった。それは、アメリカ経済の停滞と変質を抜きには語れない。一九七三年は米ドルの信用が下落し、為替市場が変動相場に移行した年でもあった。またこの年の一〇月、アメリカ経済はいわゆる石油危機の衝撃を受ける。原油価格は一気に四倍に跳ね上がり、物価全体のインフレ率も翌七四年には一一・〇二％に達した。また、この時期、脱工業化──「財の生産社会からサービス社会への移行」(ダニエル・ベル)──の流れが顕著で、八〇年代に入るまでに、鉄鋼や自動車を中心に約三〇万人分の雇用が失われることになる。「バス通学」に激しく反発した北部都市の白人労働者の多くは、長期間のレイオフに窮乏を余儀なくされた。今日ラストベルト問題として知られる製造業の衰退がすでに始まっていたのである。しかし、このような状況にもかかわらず、政府の市場介入は忌避され、また労働組合の組織率も一六％(一九八一年)まで急落した。人々はなお、個人の選択を最大化するという市場第一主義を支持し、また、人種主義を内包した保守的な文化言説を熱心に消費するようになった。

その意味で、やはり七三年に福音派ジム・バッカー牧師がテレビ説教放送に参入したのもおそらく偶然ではない。七〇年代以降のアメリカでは宗教保守や反市民権運動の論客がテレビやラジオを通じて主張を流布することが一般化していく。バッカーの番組は、後にレーガンの盟友として名を馳せる、ジェリー・ファルエル(モラル・マジョリティ会長)を世に出したことでも知られよう。他にもこの年には、イーグル・フォーラムという保守系女性運動を立ち上げたフイリス・シュラフリーがラジオに出はじめている。シュラフリーは伝統的ジェンダー・ロールを支持する女性の立場から徹底的にERAを攻撃した。ERAの州批准期限は当初七九年とされ、その後八二年までの延長が認められたが、最終的に必要な四分の三(三八州)に三州届かず廃案となった。ここに至り、「社会的な平等」はおろか、六〇年代権利革命の成果を維持することすら容易ではない保守時代が始まっていた。

二〇世紀アメリカの夢

本書は二〇世紀初頭の革新主義が、アメリカの自由と民主主義に社会的な領域を見出したことに注目して、筆をおこした。そして、次の約七〇年間についてこの国の通史を書きつつも、片目でこの問題を追い続けてきた。その中で明らかになったことがいくつかあるだろう。

第一に、この「社会的なもの」への関心が、同時期のアメリカ国民形成と重なり合うとき、独特のエスノ・レイシャルな社会秩序を生み出したことだ。それは二〇世紀の最初の四半世紀に作られた一連の移民制限法や人種隔離の全国化現象にも明らかであった。また同じ問題がジェンダーに結びつけて語られるとき、ほぼ例外なく、前時代的な母性主義が呼び出され、これを一般福祉として統合することは非常に困難であった。

第二に、歴史的にこの「社会的なもの」と貧困の問題に向き合ったニューディールは、労働組合や業界団体、農協組織などが構成する「経済セキュリティ」の多元的レジームを形成した。それは物質主義的な分配に基づく社会統合であったという意味で、人種・ジェンダー的に中立であったが、現存する差別に対しては不作為で応じるしかなかった。

第三に、それゆえ、黒人や女性の権利要求運動は、いわばニューディールを打ち破るような形で台頭してきた。そもそも、ニューディールの社会政策がマイノリティの権利意識を刺激し、彼らの運動を育てた面は小さくない。また、ニューディールの社会民主主義的なエートスを支持した都市リベラルの多くは、しばしば市民権運動の献身的な後援者になった。だが、それにもかかわらず、戦後の民主党リベラル勢力は市民権運動を福祉国家のビジョンに包み込み内部化することができなかった。その行く末は、六〇年代末におけるニューディール連合の歴史的な瓦解が雄弁に物語っている。

第四に、右の三つの議論は、いずれもアメリカの対外膨張と密接に関わっていた。革新主義期の社会政策の多くは、キューバやフィリピンでも実施されたが、それだけではなく、むしろ植民地で先行的に試された政策がアメリカ本国へ逆輸入されるケースが少なくなかった。二〇世紀の国民形成が、アメリカ国境の外(帝国)で行われていたと言えば言い過ぎであろうか。また、この内と外の相補的関係は、冷戦期の海外援助と国内の福祉政策の関係にも見られた。第三世界への援助の中で育まれた人材と経済開発のノウハウが、六〇年代にアメリカへと還流し、北部都市での対貧困戦争を形成したのであった。

第五に、こうした革新主義やニューディールの改革が社会に定着する過程で、二度の世界大戦(=総力戦)は決定的に重要であった。第一次大戦期には、国内プロパガンダから労働政策に至るまで、革新主義改革の蓄積が援用された。そして同時に、革新主義が内包したエスノ・レイシャルな国民観が戦時動員に反映される中で、アメリカ化や人種隔離といった二〇世紀的な排除と包摂の社会規範が広く受容されていった。

社会改革と総力戦の関係は、第二次大戦についても同様で、直前の時期のニューディール改革と戦時政策を切り離して考えること自体が困難である。また、ニューディールが包含した多様な経済思想の中から、ケインズ流の財政政策が国策として選択されていく過程は、戦争と戦後世界戦略の文脈抜きには理解しえない。戦後のアメリカは、「欠乏からの自由」や「近代化論」の名のもとに、経済成長の政策パッケージを欧州復興や第三世界の開発に向けて輸出したのであった。

第六に、米ソ冷戦もまた、ある種の外的圧力を国内政治に与え続けた。換言するとアメリカが民主的な福祉国家を形成することは、ソ連に対して軍事的、イデオロギー的優位を保つうえで必要なことでもあった。アメリカ国内の人種差別の廃絶が、冷戦構造の中からはじまったことは、象徴的な出来事だった。端的に言って、一九五〇年代から六〇年代の冷戦の盛期はアメリカ福祉国家の絶頂期でもあった。この間、アメリカは伝統的な帝国主義を否定して、領土的な支配を最小化した非公式帝国へ向かっていく。だが、冷戦の現実は、西側世界を網羅する高度に武装した基地ネットワークを築かせ、その多くは今日も維持されている。冷戦亡き後、いまだアメリカは帝国の相貌を失ってはいない。

このように本書の議論を振り返ったうえで、なお問われねばならないのは、この二〇世紀アメリカの物語が、二一世紀の「今」の問題を考える際に、何か有用な参照点たれるだろうかということである。はからずも、本書はニューディール連合の崩壊と、悲劇的な「バス通学」の失敗で論を閉じることになった。「はじめに」でセオドア・ローズヴェルトが難渋した、人種の壁を越えた「社会的平等」の問題は少しは前に進んだのだろうか。もちろん本書ではNAACPやCIOに集った勇敢な白人と有色人の献身にも注目してきた。移民街のセツルメントに生涯を捧げた女性たち、第一次大戦で出征した黒人兵、ERAを目指したウーマンリブの闘士たち、アジアの農村とアメリカ都市のゲットーで奉仕したボランティア学生、彼ら彼女らの奮闘にアメリカ社会の偉大さを垣間見る思いもある。

だが、その一方で我々は今なお、ミズーリ州ファーグソンでの警官による黒人少年射殺事件(二〇一四年)や、一名の死者を出したヴァージニア州シャーロッツビルの白人至上主義集会の暴動(二〇一七年)等の報道に接し続けている。豊かな生活水準と社会的な平等を希求した「二

○世紀アメリカの夢」は、果敢な冒険と壮大な社会実験を生み出した。しかし、その成果をすべて肯定的にとらえるには、現状はあまりにも厳しい。本書の結びを安易なハッピーエンドとして描けなかった所以である。

三度現る「忘れられた人々」

二〇一七年一月二〇日、第四五代大統領に着任したドナルド・トランプは、次のように議会で語った。「……長い間、この国の首都に巣くう少数者が政府の報酬を刈り取り、人民はコストを負担するだけだった。……政治家は富み栄えたが、雇用はなくなり工場は閉鎖された。……〔今日は〕再び人民がこの国の支配者になった日として記憶されよう。我が国の忘れ去られた男性、女性はもはや忘れられてはいないのだ」

この演説の全体的な論調は、かつて六〇年代に低南部で勢力を張ったポピュリスト政治家のそれと非常によく似ている。だがこれは、全米で過半数の支持を得た大統領の言葉である。そして、トランプ演説は、本書で見たフランクリン・ローズヴェルト、ニクソンに続き、三人目の大統領として「忘れられた人々」のレトリックを活用している。一九三二年と六八年に現れた「忘れられた人々」は時代を変える巨大な力を持っていた。それでは、二〇一七年の「彼ら彼女ら」はどうか――だが、そもそも今回の「忘れられた人々」とは一体誰のことを指しているのだろう。そのこと自体が、来るべき二〇二〇年の大統領選を占う重要な論点となるのかもしれない。

いずれにせよ、我々は、すでに一九七三年に終わった二〇世紀アメリカの「夢のあと」を四六年も生きている。その後のアメリカと世界は新しい夢を持てただろうか。おそらくは、一九九〇年代における冷戦の終結は次に訪れる時代の大きな転機となろう。そのとき、「二〇世紀アメリカの夢」は十分に乗り越えられていっただろうか。その答えは、本シリーズ第四巻の現代史叙述の中で明らかにされるであろう。

あとがき

私の記憶が正しければ、本シリーズ各巻の著者と担当編集者諸兄がはじめて一堂に会したのは、二〇一七年初頭の執筆者会議だったと思う。直前のトランプ政権成立に皆衝撃を受けていて、会議後の夕食の時にもこのことで話が持ちきりだったのを覚えている。そして全四巻中、第三巻の本書が刊行される今、はやくも各党の「討論会」が本格化するなど、次の大統領選挙戦が始動している。本シリーズは間違いなく、二〇一〇年代後半のトランプ政権期という時点から「アメリカ」の過去に光を当て、今後の展望を模索しようとする試みである。

さて、この執筆者会議でまず確認されたことは、各巻は執筆者の専門テーマのみにとどまらない「通史」たれということだった。この点に関して筆者が心掛けたのは、可能な限り時系列に沿った叙述をしようということだった。二〇世紀のアメリカでは、様々な思想潮流や社会運動が、時に交わり時に独自の論理にしたがって盛衰したが、それらの展開を通時的に観測するのではなく、あえて特定の年代ごとに分節し、同じ「時代」の他の問題との横のつながりを強調したつもりだ。それぞれの時期に特有な政治・社会の環境や前提となる諸条件を炙り出すことで、本書が対象とした七〇年間における「変化」の様態を明らかにすべきだと思ったからだ。

しかし、いざ執筆し始めてみると新書の紙数の中で、二〇世紀アメリカを書き尽くすことなど到底ありえず、考察の大半を「何を書かずに済ますか」という苦しい選択に費やすことになった。また、筆者自身の知識や研究蓄積に分野によって濃淡があることも問題だった。テーマや時代によっては、内外の先行研究に大きく寄りかかった部分も多い。そうした同僚史家の優れた業績の一部は巻末の参考文献一覧に記したところであるが、すべてを網羅できたわけではない。註記が不十分である点は心残りであるが、新書の特性に鑑みてご容赦いただきたい。

なお、本書の初校段階で、関西アメリカ史研究会の仲間である山澄亨さん、佐藤夏樹さん、内輪雅史さんのお三方に、それぞれのご専門分野を中心に査読していただいた。いずれもたいへん鋭く、建設的な助言をくださった。ご厚意にこの場を借りてお礼を言いたい。

最後に、編集部の中山永基さんと丁寧にゲラを読み込んでくださった校正者の方にもお世話になった。中山さんの編集者根性を感じさせる「追い込み」がなければ、私はまだ何も生み出せていなかっただろう。心よりの敬意と謝意を表するところである。

二〇一九年九月

中野耕太郎

岩波新書/最新刊から

1855 **地方の論理** 小磯修二著

霞が関の官僚から北海道の地方大学に身を投じ、地方の課題解決に取り組んできた著者が、自らの体験をもとに語る地方活性化のヒント。

1856 **がんと外科医** 阪本良弘著

難治とされる肝がんや膵がん治療の最前線にいる外科医が、がん治療の歴史と現状、師からの指導、患者からの学びなどを綴る。

1857 **文在寅時代の韓国** ―「弔い」の民主主義― 文京洙著

妥協なき民主主義の追求と「積弊の清算」を掲げるも、国内外で激しい毀誉褒貶と軋轢を生む文在寅政権。その達成と課題を描く。

1858 **グローバル・タックス** ―国境を超える課税権力― 諸富徹著

巨大多国籍企業が台頭する中、苛烈を極める「租税競争」。その巧妙な仕組みを解き明かし、対抗していく具体的筋道を展望する。

1859 **デモクラシーの整理法** 空井護著

デモクラシーとはどんな政治の仕組みで、どう使うのか。筋道を立てて解き明かし、政治の主役がスッキリと理解できるコツを伝える。

1860 **英語独習法** 今井むつみ著

英語の達人をめざすなら、語彙全体での日本語と英語の違いを自分で探究するのが合理的な勉強法だ。オンラインツールを活用しよう。

1861 **広島平和記念資料館は問いかける** 志賀賢治著

「あの日」きのこ雲の下にいた人々はどう生き、どう死んでいったのか。死者の生きた証を伝え続ける「記憶の博物館」の模索の軌跡。

1862 **太平天国** ―皇帝なき中国の挫折― 菊池秀明著

清朝打倒をめざし、皇帝制度を否定した太平天国。血塗られた戦いから、皇帝支配という権威主義的統治のあり方を問い直す。

(2021. 1)

岩波新書より

現代世界

トランプのアメリカに住む　吉見俊哉
ライシテから読む現代フランス　伊達聖伸
ベルルスコーニの時代　村上信一郎
イスラーム主義　末近浩太
ルポ 不法移民 アメリカ国境を越えた男たち　田中研之輔
習近平の中国 百年の夢と現実　林望
日中漂流　毛里和子
中国のフロンティア　川島真
シリア情勢　青山弘之
ルポ トランプ王国　金成隆一
ルポ 難民追跡 バルカンルートを行く　坂口裕彦
アメリカ政治の壁　渡辺将人
プーチンとG8の終焉　佐藤親賢
香港 中国と向き合う自由都市　倉田徹 張イクマン
〈文化〉を捉え直す　渡辺靖

イスラーム圏で働く　桜井啓子編
中南海 知られざる中国の中枢　稲垣清
フォト・ドキュメンタリー 人間の尊厳　林典子
㈱貧困大国アメリカ　堤未果
女たちの韓流　山下英愛
新・現代アフリカ入門　勝俣誠
中国の市民社会　李妍焱
勝てないアメリカ　大治朋子
ブラジル 跳躍の軌跡　堀坂浩太郎
非アメリカを生きる　室謙二
ネット大国中国　遠藤誉
中国は、いま　国分良成編
ジプシーを訪ねて　関口義人
中国エネルギー事情　郭四志
アメリカン・デモクラシーの逆説　渡辺靖
ユーラシア胎動　堀江則雄
オバマ演説集　三浦俊章編訳
ルポ 貧困大国アメリカII　堤未果

オバマは何を変えるか　砂田一郎
イスラエル　臼杵陽
ネイティブ・アメリカン　鎌田遵
アフリカ・レポート　松本仁一
ヴェトナム新時代　坪井善明
イラクは食べる　酒井啓子
ルポ 貧困大国アメリカ　堤未果
エビと日本人II　村井吉敬
北朝鮮は、いま　北朝鮮研究学会編 石坂浩一監訳
欧州連合 統治の論理とゆくえ　庄司克宏
バチカン　郷富佐子
国際連合 軌跡と展望　明石康
アメリカよ、美しく年をとれ　猿谷要
日中関係 戦後から新時代へ　毛里和子
いま平和とは　最上敏樹
「民族浄化」を裁く　多谷千香子
サウジアラビア　保坂修司
中国激流 13億のゆくえ　興梠一郎

(2018. 11)　(E1)

岩波新書より

政治

日米安保体制史 吉次公介
官僚たちのアベノミクス 軽部謙介
在日米軍 変貌する日米安保体制 梅林宏道
憲法改正とは何だろうか 高見勝利
共生保障 〈支え合い〉の戦略 宮本太郎
シルバー・デモクラシー 戦後世代の覚悟と責任 寺島実郎
憲法と政治 青井未帆
18歳からの民主主義 岩波新書編集部編
検証 安倍イズム 柿崎明二
右傾化する日本政治 中野晃一
外交ドキュメント 歴史認識 服部龍二
日米〈核〉同盟 原爆、核の傘、フクシマ 太田昌克
集団的自衛権と安全保障 豊下楢彦・古関彰一
日本は戦争をするのか 半田滋
アジア力の世紀 進藤榮一

民族紛争 月村太郎
自治体のエネルギー戦略 大野輝之
政治的思考 杉田敦
現代日本の政党デモクラシー 中北浩爾
サイバー時代の戦争 谷口長世
現代中国の政治 唐亮
日本の国会 大山礼子
戦後政治史〔第三版〕 石川真澄・山口二郎
〈私〉時代のデモクラシー 宇野重規
大臣〔増補版〕 菅直人
生活保障 排除しない社会へ 宮本太郎
「ふるさと」の発想 西川一誠
「戦地」派遣 変わる自衛隊 半田滋
民族とネイション 塩川伸明
昭和天皇 原武史
集団的自衛権とは何か 豊下楢彦
沖縄密約 西山太吉
ルポ 改憲潮流 斎藤貴男

吉田茂 原彬久
安心のファシズム 斎藤貴男
市民の政治学 篠原一
東京都政 佐々木信夫
有事法制批判 憲法再生フォーラム編
日本政治 再生の条件 山口二郎編著
安保条約の成立 豊下楢彦
岸信介 原彬久
自由主義の再検討 藤原保信
一九六〇年五月一九日 日高六郎編
日本の政治風土 篠原一
近代の政治思想 福田歓一
日本精神と平和国家 矢内原忠雄

岩波新書より

世界史

- 移民国家アメリカの歴史　貴堂嘉之
- フィレンツェ　池上俊一
- マーティン・ルーサー・キング　黒崎真
- ナポレオン　杉本淑彦
- ガンディー　平和を紡ぐ人　竹中千春
- イギリス現代史　長谷川貴彦
- ロシア革命　破局の8か月　池田嘉郎
- 天下と天朝の中国史　檀上寛
- 孫文　深町英夫
- 古代東アジアの女帝　入江曜子
- 新・韓国現代史　文京洙
- ガリレオ裁判　田中一郎
- 人間・始皇帝　鶴間和幸
- 袁世凱　岡本隆司
- 二〇世紀の歴史　木畑洋一
- イギリス史10講　近藤和彦

- 植民地朝鮮と日本　趙景達
- シルクロードの古代都市　加藤九祚
- 中華人民共和国史〔新版〕　天児慧
- 新・ローマ帝国衰亡史　南川高志
- 近代朝鮮と日本　趙景達
- マヤ文明　青山和夫
- 四字熟語の中国史　冨谷至
- 李鴻章　岡本隆司
- 新しい世界史へ　羽田正
- パル判事　中里成章
- グランドツアー　18世紀イタリアへの旅　岡田温司
- マルコムX　荒このみ
- パリ　都市統治の近代　喜安朗
- ノモンハン戦争　モンゴルと満洲国　田中克彦
- 中国という世界　竹内実
- ウィーン　都市の近代　田口晃
- 紫禁城　入江曜子
- ジャガイモのきた道　山本紀夫

- 北京　春名徹
- 創氏改名　水野直樹
- フランス史10講　柴田三千雄
- 地中海　樺山紘一
- 多神教と一神教　本村凌二
- 奇人と異才の中国史　井波律子
- ドイツ史10講　坂井榮八郎
- ナチ・ドイツと言語　宮田光雄
- 離散するユダヤ人　小岸昭
- アメリカ黒人の歴史〔新版〕　本田創造
- ゲルニカ物語　荒井信一
- 上海一九三〇年　尾崎秀樹
- ゴマの来た道　小林貞作
- 文化大革命と現代中国　安藤正士・太田勝洪・辻康吾
- ピープス氏の秘められた日記　臼田昭
- 中世ローマ帝国　渡辺金一
- 書物を焼くの記　鄭振鐸　安藤彦太郎・斎藤秋男訳

岩波新書新赤版一〇〇〇点に際して

ひとつの時代が終わったと言われて久しい。だが、その先にいかなる時代を展望するのか、私たちはその輪郭すら描きえていない。二〇世紀から持ち越した課題の多くは、未だ解決の緒を見つけることのできないままであり、二一世紀が新たに招きよせた問題も少なくない。グローバル資本主義の浸透、憎悪の連鎖、暴力の応酬――世界は混沌として深い不安の只中にある。

現代社会においては変化が常態となり、速さと新しさに絶対的な価値が与えられた。消費社会の深化と情報技術の革命は、種々の境界を無くし、人々の生活やコミュニケーションの様式を根底から変容させてきた。ライフスタイルは多様化し、一面では個人の生き方をそれぞれが選びとる時代が始まっている。同時に、新たな格差が生まれ、様々な次元での亀裂や分断が深まっている。社会や歴史に対する意識が揺らぎ、普遍的な理念に対する根本的な懐疑や、現実を変えることへの無力感がひそかに根を張りつつある。そして生きることに誰もが困難を覚える時代が到来している。

しかし、日常生活のそれぞれの場で、自由と民主主義を獲得し実践することを通じて、私たち自身がそうした閉塞を乗り超え、希望の時代の幕開けを告げてゆくことは不可能ではあるまい。そのために、いま求められていること――それは、個と個の間で開かれた対話を積み重ねながら、人間らしく生きることの条件について一人ひとりが粘り強く思考することではないか。その営みの糧となるものが、教養に外ならないと私たちは考える。歴史とは何か、よく生きるとはいかなることか、世界そして人間はどこへ向かうべきなのか――こうした根源的な問いとの格闘が、文化と知の厚みを作り出し、個人と社会を支える基盤としての教養となった。まさにそのような教養への道案内こそ、岩波新書が創刊以来、追求してきたことである。

岩波新書は、日中戦争下の一九三八年一一月に赤版として創刊された。創刊の辞は、道義の精神に則らない日本の行動を憂慮し、批判的精神と良心的行動の欠如を戒めつつ、現代人の現代的教養を刊行の目的とする、と謳っている。以後、青版、黄版、新赤版と装いを改めながら、合計二五〇〇点余りを世に問うてきた。そして、いままた新赤版が一〇〇〇点を迎えたのを機に、人間の理性と良心への信頼を再確認し、それに裏打ちされた文化を培っていく決意を込めて、新しい装丁のもとに再出発したいと思う。一冊一冊から吹き出す新風が一人でも多くの読者の許に届くこと、そして希望ある時代への想像力を豊かにかき立てることを切に願う。

（二〇〇六年四月）

中野耕太郎

1967年生まれ．京都大学大学院文学研究科博士後期課程中途退学．博士(文学)
現在一東京大学大学院総合文化研究科教授
専攻一アメリカ近現代史
著書一『20世紀アメリカ国民秩序の形成』(名古屋大学出版会)
『戦争のるつぼ——第一次世界大戦とアメリカニズム』(人文書院)
『現代の起点 第一次世界大戦 4 遺産』(共著，岩波書店)
『アメリカ合衆国の形成と政治文化——建国から第一次世界大戦まで』(共編著，昭和堂)
『アメリカ史研究入門』(共著，山川出版社) ほか

20世紀アメリカの夢 世紀転換期から1970年代
シリーズ アメリカ合衆国史③　　岩波新書(新赤版)1772

2019年10月18日　第1刷発行
2020年12月25日　第3刷発行

著　者　中野耕太郎《なかのこうたろう》

発行者　岡本 厚

発行所　株式会社 岩波書店
〒101-8002 東京都千代田区一ツ橋2-5-5
案内 03-5210-4000　営業部 03-5210-4111
https://www.iwanami.co.jp/

新書編集部 03-5210-4054
https://www.iwanami.co.jp/sin/

印刷・理想社　カバー・半七印刷　製本・中永製本

© Kotaro Nakano 2019
ISBN 978-4-00-431772-2　　Printed in Japan

索　引

索　引

サ　行

タ　行

ナ　行

ハ　行

索　引

マ　行

ヤ・ラ・ワ行

略年表

右側に太字で示したのは，その年に就任したアメリカ合衆国大統領．(民)は民主党，(共)は共和党であることを示す

1901	3 対キューバ・プラット修正条項制定．9 マッキンリー大統領暗殺，副大統領のローズヴェルトが大統領に昇格． **㉖ T. ローズヴェルト(共)**
1902	4 排華移民法恒久法化．7 フィリピン組織法制定．
1903	2 商務労働省設立．11 パナマを永久租借．
1904	2 日露戦争開戦(～05.9)．11 大統領選でローズヴェルト当選．12 モンロー・ドクトリンのローズヴェルト系論発表．
1905	4 最高裁ロックナー判決．7 デュボイスら，ナイアガラ運動を開始．
1906	6 純良食品・薬剤法，食肉検査法制定．11 サンフランシスコ市教育委員会，日系児童を隔離．
1907	2 1907年移民法(ディリンガム委員会設置，1911年報告書公表)制定．日米紳士協定締結．
1908	2 最高裁ミューラー判決．11 大統領選．司法省調査部(FBIの前身)創設．
1909	2 全米有色人地位向上協会(NAACP)創設．**㉗ W. タフト(共)**
1912	6 T. ローズヴェルト，革新党を結成．9 海兵隊，ニカラグアに進駐．11 大統領選．
1913	2 憲法修正第16条発効．12 連邦準備制度設立． **㉘ W. ウィルソン(民)**
1914	4 海兵隊，ベラクルスを占領．8 第一次世界大戦勃発(～18.11)．パナマ運河開通．9 連邦取引委員会設置．10 クレイトン反独占法成立．
1915	5 ルシタニア号事件．中国，「対華21カ条要求」を受諾．7 海兵隊，ハイチに進駐．
1916	3 パンチョ・ビジャ討伐戦開始．5 海兵隊，ドミニカに進駐．6 全米女性党(NWP)結成．8 フィリピン自治に関するジョーンズ法成立．11 大統領選でウィルソン再選，J. ランキン，女性初の下院議員に当選．
1917	1 ウィルソン「勝利なき平和」演説．2 ツィンメルマン電報事件．3 ロシア二月革命．4 第一次大戦に参戦．5 選抜徴兵法成立．6 戦時防諜法成立．11 石井＝ランシング協定成立．ロシア十月革命．

1918	1 ウィルソン,「平和に関する14カ条」を発表. 3 ブレスト・リトフスク条約調印. 4 戦時労働委員会設置. 8 シベリア出兵. 11 第一次大戦休戦.
1919	1 パリ講和会議開会. 3 朝鮮「三・一運動」. 5 中国「五・四運動」. 6 ヴェルサイユ条約調印. 7 シカゴで人種暴動勃発(～8). 11 レッドスケア(赤狩り)開始. 上院, 講和条約批准案否決.
1920	1 国際連盟成立. 8 憲法修正第19条発効.
1921	5 緊急割当移民法成立. 11 ワシントン会議開催(～22.2). シェパード=タウナー出産・新生児保護法成立. 12 4カ国条約調印. ㉙ W. ハーディング(共)
1922	2 海軍軍縮5カ国条約, 9カ国条約調印. 5 最高裁ベイリー対ドレクセル家具判決. ――リップマン,『世論』を出版.
1923	4 最高裁アドキンス対コロンビア特別区児童病院判決. 8 ハーディング死去, 副大統領のクーリッジが大統領に昇格. 12 憲法の男女平等権修正条項(ERA)はじめて議会に提案. ㉚ C. クーリッジ(共)
1924	4 ドーズ案(ドイツ賠償問題). 5 出身国別割当移民法成立. 11 大統領選でクーリッジ当選.
1925	5 上海事件(五・三〇運動拡大). 12 ロカルノ条約調印.
1928	8 パリ不戦条約(ケロッグ=ブリアン協定)締結. 11 大統領選. ㉛ H. フーバー(共)
1929	6 ヤング案(ドイツ賠償問題). 10 世界恐慌始まる.
1930	1 ロンドン海軍軍縮会議開催.
1931	6 フーバー・モラトリアム発表. 9 満州事変勃発.
1932	1 スティムソン・ドクトリン発表. 2 復興金融公社設立. 7 ボーナス・アーミー事件. 11 大統領選.
1933	3 銀行休日宣言, 百日議会開会. 4 金本位制から離脱. 5 農業調整法成立. テネシー渓谷開発公社(TVA)設置. 6 全国産業復興法(NIRA)成立, 公共事業局設置. 11 ソ連を承認. 12 パン・アメリカ会議で内政不干渉原則に合意. ㉜ F. ローズヴェルト(民)
1934	3 タイディングズ=マクダフィー法制定. 5 キューバ・プラット修正条項廃止. 6 インディアン再組織法制定.
1935	5 事業促進局(WPA)創設. 最高裁シェクター鶏肉会社判決. 6 全国青年局(NYA)設立. 7 ワグナー労働関係法制定. 8 社会保障法制定. 中立法制定. 11 産業別労働組合会議(CIO)創設.
1936	1 最高裁, 農業調整法に違憲判決. 7 スペイン内戦勃発(～39.

4)．11 大統領選でローズヴェルト再選．
1937 2 裁判所改組法案提出．7 日中戦争勃発．8 景気後退．
1938 5 下院非米活動委員会設置．6 公正労働基準法(FLSA)成立．
1939 9 第二次大戦勃発．
1940 9 選抜徴兵法成立．11 大統領選でローズヴェルト3選．
1941 1 ローズヴェルト「四つの自由」演説．3 武器貸与法成立．5 緊急事態宣言．8 対日石油全面禁輸．大西洋憲章採択．12 日本による真珠湾攻撃，米国，第二次大戦に参戦．
1942 2 行政命令第9066号(日系人強制収容)発令．黒人メディア，「ダブルV」論を掲載．5 ヘンリー・ウォーレス，自由世界協会で演説．
1943 6 全国資源計画委員会(NRPB)活動停止．
1944 7 ブレトンウッズ会議開催．8 ダンバートン・オークス会議開催．11 大統領選でローズヴェルト4選．
1945 2 ヤルタ会議．4 ローズヴェルト死去，副大統領のトルーマンが大統領に昇格．サンフランシスコ国連組織会議開催．5 ドイツ降伏．7 アラモゴード爆撃試験場で原爆実験に成功．8 ポツダム宣言．広島・長崎に原爆投下，日本無条件降伏．10 世界連邦運動本格化． ㉝ H. トルーマン(民)
1946 1 国連原子力委員会創設．3 チャーチル「鉄のカーテン」演説．7 フィリピン独立．12 大統領市民権委員会設置．
1947 3 トルーマン・ドクトリン声明，連邦職員忠誠審査開始．6 タフト＝ハートリー法成立．7 国家安全保障法成立．9 リオデジャネイロ条約締結．
1948 4 対外援助法(マーシャル・プラン)成立．6 ソ連，ベルリンを封鎖．5 米州機構創設．11 大統領選でトルーマン当選．
1949 1 ポイント・フォー計画発表．4 北大西洋条約締結．8 ソ連，原爆実験に成功．10 中華人民共和国成立．
1950 2 マッカーシー旋風始まる．6 朝鮮戦争勃発．9 マッカラン国内治安法制定．
1951 6 NSC68承認．9 サンフランシスコ講和条約，日米安全保障条約締結．
1952 6 マッカラン＝ウォルター移民法成立．7 プエルトリコ自治領に．11 水爆実験成功．大統領選．
1953 7 朝鮮戦争休戦協定調印． ㉞ D. アイゼンハワー(共)
1954 5 最高裁ブラウン判決．7 インドシナ休戦協定調印．
1955 4 バンドンでアジア・アフリカ会議開催．5 ワルシャワ条約機構創設．最高裁ブラウンII判決．12 モンゴメリーでバスボイ

	コット開始．AFL と CIO 合併．
1956	11 大統領選でアイゼンハワー再選．
1957	1 対中東アイゼンハワー・ドクトリン発表．南部キリスト教指導者会議(SCLC)創設．7 国際原子力機関創設．9 リトルロック事件．
1959	2 キューバ革命．
1960	2 グリーンズボロでシット・イン運動拡大．11 大統領選．
1961	4 対キューバ侵攻(ピッグス湾作戦)失敗．8 ベルリンの壁建設．㉟ J. ケネディ(民)
1962	6「民主主義のための学生同盟」(SDS)，ポート・ヒューロン宣言を採択．10 キューバ危機．――ハリントン，『もうひとつのアメリカ』を出版．
1963	8 部分的核実験停止条約調印．市民権運動によるワシントン大行進．11 ケネディ暗殺，副大統領のジョンソンが大統領に昇格．㊱ L. ジョンソン(民)
1964	1 ジョンソン．「対貧困戦争」声明(「偉大な社会」の到来を標榜)．7 1964 年市民権法成立．8 トンキン湾事件，北ベトナム爆撃開始．
1965	7 メディケア(老齢医療保険)法制化．8 1965 年投票権法成立．ロサンゼルス・ワッツ暴動．10 1965 年移民法成立．
1966	6 全米女性機構(NOW)結成．
1968	4 キング牧師暗殺，都市暴動拡大．11 大統領選．
1969	6 改定フィラデルフィア・プラン発表．7 ニクソン「グアム・ドクトリン」声明．10 アレグザンダー対ホームズ郡教育委員会判決．㊲ R. ニクソン(共)
1971	4 スワン対シャーロット＝メクレンバーグ郡教育委員会判決．8 ドル・金兌換停止(ニクソン・ショック)．
1972	2 ニクソン訪中．3 議会が ERA を発議．5 ニクソン訪ソ，第一次戦略兵器制限協定締結．6 ウォーターゲイト事件．11 大統領選でニクソン再選．
1973	1 ベトナム休戦協定締結，徴兵停止．3 米軍，南ベトナムから撤兵．10 第四次中東戦争勃発，石油危機．

主要参考文献

全体に関するもの
秋元英一・菅英輝『アメリカ20世紀史』東京大学出版会，2003年
有賀貞・大下尚一・志邨晃佑・平野孝編『世界歴史大系　アメリカ史2　1877〜1992年』山川出版社，1993年
生井英考『空の帝国　アメリカの20世紀』講談社，2006年
入江昭『二十世紀の戦争と平和　増補版』東京大学出版会，2000年
紀平英作編『新版世界各国史24　アメリカ史』山川出版社，1999年
紀平英作『歴史としての「アメリカの世紀」――自由・権力・統合』岩波書店，2010年
佐々木卓也編著『ハンドブック　アメリカ外交史――建国から冷戦後まで』ミネルヴァ書房，2011年
オリヴィエ・ザンズ『アメリカの世紀――それはいかにして創られたか？』有賀貞・西崎文子訳，刀水書房，2005年
常松洋・松本悠子編『消費とアメリカ社会――消費大国の社会史』山川出版社，2005年
エレン・キャロル・デュボイス／リン・デュメニル『女性の目からみたアメリカ史』石井紀子ほか訳，明石書店，2009年
中野耕太郎『20世紀アメリカ国民秩序の形成』名古屋大学出版会，2015年
中野聡『歴史経験としてのアメリカ帝国――米比関係史の群像』岩波書店，2007年
エリック・フォーナー『アメリカ自由の物語――植民地時代から現代まで』上・下，横山良ほか訳，岩波書店，2008年
古矢旬『アメリカニズム――「普遍国家」のナショナリズム』東京大学出版会，2002年
マイケル・J. ホーガン編『アメリカ大国への道――学説史から見た対外政策』林義勝訳，彩流社，2005年
松本悠子『創られるアメリカ国民と「他者」――「アメリカ化」時代のシティズンシップ』東京大学出版会，2007年
村田勝幸『〈アメリカ人〉の境界とラティーノ・エスニシティ――「非合法移民問題」の社会文化史』東京大学出版会，2007年
Jefferson Cowie, *The Great Exception: The New Deal and the Limits of American Politics*, Princeton University. Press, 2016.

主要参考文献

Steve Fraser/Gary Gerstle (eds.), *The Rise and Fall of the New Deal Order, 1930–1980*, Princeton University Press, 1989.

はじめに

Lewis L. Gould, *The Presidency of Theodore Roosevelt*, 2nd ed., University Press of Kansas, 2011.

Theodore Roosevelt, "State of the Union Address of Theodore Roosevelt, December 3, 1901 to the Senate and House of Representatives", 1901.

第１章

金井光太朗「アメリカン・システムのマニフェスト――ヨーロッパ公法秩序とモンロー・ドクトリン」『アメリカ研究』49, 2015 年

関西アメリカ史研究会編著『アメリカ革新主義史論』小川出版, 1973 年

平体由美『連邦制と社会改革――20 世紀初頭アメリカ合衆国の児童労働規制』世界思想社, 2007 年

松原宏之『虫喰う近代――一九一〇年代社会衛生運動とアメリカの政治文化』ナカニシヤ出版, 2013 年

Alan Dawley, *Changing the World: American Progressives in War and Revolution*, Princeton University Press, 2003.

Charles Forcey, *The Crossroads of Liberalism: Croly, Weyl, Lippmann and the Progressive Era, 1900–1925*, Oxford University Press, 1961.

David Healy, *Drive to Hegemony: The United States in the Caribbean, 1898–1917*, University of Wisconsin Press, 1988.

James T. Kloppenberg, *Uncertain Victory: Social Democracy and Progressivism in European and American Thought, 1870–1920*, Oxford University Press, 1986.

Alfred W. McCoy/Francisco A. Scarano (eds.), *Colonial Crucible: Empire in the Making of the Modern American State*, University of Wisconsin Press, 2009.

Daniel T. Rodgers, *Atlantic Crossings: Social Politics in a Progressive Age*, Harvard University Press, 1998.

Theda Skocpol, *Protecting Soldiers and Mothers: The Political Origins of Social Policy in the United States*, Harvard University Press, 1992.

Walter E. Weyl, *The New Democracy*, Macmillan, 1912.

第 2 章
今津晃編著『第一次大戦下のアメリカ――市民的自由の危機』柳原書店，1981 年
高原秀介『ウィルソン外交と日本――理想と現実の間 1913–1921』創文社，2006 年
中野耕太郎『戦争のるつぼ――第一次世界大戦とアメリカニズム』人文書院，2013 年
中野耕太郎「「アメリカの世紀」の始動」山室信一ほか編『現代の起点 第一次世界大戦 4 遺産』岩波書店，2014 年
中野耕太郎「第一次世界大戦と現代グローバル社会の到来――アメリカ参戦の歴史的意義」秋田茂・桃木至朗編著『グローバルヒストリーと戦争』大阪大学出版会，2016 年
A. J. メイア『ウィルソン対レーニン』I・II，斉藤孝・木畑洋一訳，岩波書店，1983 年
Lloyd E. Ambrosius, *Wilsonianism: Woodrow Wilson and His Legacy in American Foreign Relations*, Palgrave Macmillan, 2002.
Thomas J. Knock, *To End All Wars: Woodrow Wilson and the Quest for a New World Order*, Princeton University Press, 1992.

第 3 章
井上弘貴『ジョン・デューイとアメリカの責任』木鐸社，2008 年
栗原涼子『アメリカのフェミニズム運動史――女性参政権から平等憲法修正条項へ』彩流社，2018 年
ジョン・デューイ『公衆とその諸問題――現代政治の基礎』阿部齊訳，ちくま学芸文庫，2014 年
三牧聖子『戦争違法化運動の時代――「危機の 20 年」のアメリカ国際関係思想』名古屋大学出版会，2014 年
W. リップマン『世論』上，掛川トミ子訳，岩波文庫，1987 年
Lizabeth Cohen, *Making a New Deal: Industrial Workers in Chicago, 1919–1939*, Cambridge University Press, 1990.
Frank Costigliola, *Awkward Dominion: American Political, Economic, and Cultural Relations with Europe, 1919–1933*, Cornell University Press, 1984.
Nancy F. Cott, *The Grounding of Modern Feminism*, Yale University Press, 1987.
Ellis W. Hawley, *The Great War and the Search for a Modern Order: A History of the American People and Their Institutions, 1917–1933*, St.

Martin's Press, 1979.
John Higham, *Strangers in the Land: Patterns of American Nativism, 1860–1925*, Rutgers University Press, 1955.
Akira Iriye, *The Globalizing of America, 1913–1945, The Cambridge History of American Foreign Relations*, vol. 3, Cambridge University Press, 1993.
Nancy MacLean, *Behind the Mask of Chivalry: The Making of the Second Ku Klux Klan*, Oxford University Press, 1994.
Erez Manela, *The Wilsonian Moment: Self-Determination and the International Origins of Anti-colonial Nationalism*, Oxford University Press, 2007.
Gwendolyn Mink, *The Wages of Motherhood: Inequality in the Welfare State, 1917–1942*, Cornell University Press, 1995.

第 4 章
秋元英一『ニューディールとアメリカ資本主義——民衆運動史の観点から』東京大学出版会，1989 年
紀平英作『ニューディール政治秩序の形成過程の研究』京都大学学術出版会，1993 年
久保文明『ニューディールとアメリカ民主政——農業政策をめぐる政治過程』東京大学出版会，1988 年
Alan Brinkley, *The End of Reform: New Deal Liberalism in Recession and War*, Knopf, 1995.
Jeffrey A. Engel (ed.), *The Four Freedoms: Franklin D. Roosevelt and the Evolution of an American Idea*, Oxford University Press, 2016.
Linda Gordon, *Pitied But Not Entitled: Single Mothers and the History of Welfare*, Free Press, 1994.
Linda Gordon/Gary Y. Okihiro (eds.), *Impounded: Dorothea Lange and the Censored Images of Japanese American Internment*, W. W. Norton, 2006.
Ira Katznelson, *Fear Itself: The New Deal and the Origins of Our Time*, Liveright Publishing, 2013.
David M. Kennedy, *Freedom from Fear: The American People in Depression and War, 1929–1945*, Oxford University Press, 1999.
Richard Lowitt/Maurine Beasley (eds.), *One Third of a Nation: Lorena Hickok Reports on the Great Depression*, University of Illinois Press, 1981.

Brenda G. Plummer, *Rising Wind: Black Americans and U. S. Foreign Affairs, 1935–1960*, University of North Carolina Press, 1996.

第 5 章

小野沢透『幻の同盟――冷戦初期アメリカの中東政策』上，名古屋大学出版会，2016 年
川島正樹『アメリカ市民権運動の歴史――連鎖する地域闘争と合衆国社会』名古屋大学出版会，2008 年
菅英輝『米ソ冷戦とアメリカのアジア政策』ミネルヴァ書房，1992 年
紀平英作編『帝国と市民――苦悩するアメリカ民主政』山川出版社，2003 年
ウィリアム・コーンハウザー『大衆社会の政治』辻村明訳，東京創元社，1961 年
西崎文子『アメリカ冷戦政策と国連 1945–1950』東京大学出版会，1992 年
デイヴィッド・リースマン『孤独な群衆』上・下，加藤秀俊訳，みすず書房，2013 年
Carol Anderson, *Eyes off the Prize: The United Nations and the African American Struggle for Human Rights, 1944–1955*, Cambridge University Press, 2003.
Paul Boyer, *By the Bomb's Early Light: American Thought and Culture at the Dawn of the Atomic Age*, University of North Carolina Press, 1985.
Mary L. Dudziak, *Cold War Civil Rights: Race and the Image of American Democracy*, Princeton University Press, 2000.
Michael Harrington, *The Other America: Poverty in the United States*, Macmillan, 1962.
Elizabeth Hinton, *From the War on Poverty to the War on Crime: The Making of Mass Incarceration in America*, Harvard University Press, 2016.
Michael H. Hunt, *Lyndon Johnson's War: America's Cold War Crusade in Vietnam, 1945–1968*, Hill and Wang, 1996.
Daniel Immerwahr, *Thinking Small: The United States and the Lure of Community Development*, Harvard University Press, 2015.
Mae M. Ngai, *Impossible Subjects: Illegal Aliens and the Making of Modern America*, Princeton University Press, 2004.

第 6 章

ウィリアム・W. J. ウィルソン『アメリカ大都市の貧困と差別――仕事がなくなるとき』川島正樹・竹本友子訳，明石書店，1999 年

川島正樹『アファーマティヴ・アクションの行方――過去と未来に向き合うアメリカ』名古屋大学出版会，2014 年

菅英輝『冷戦と「アメリカの世紀」――アジアにおける「非公式帝国」の秩序形成』岩波書店，2016 年

中野耕太郎「「偉大な社会」から破砕の時代へ――1960 年代アメリカ史試論」山室信一ほか編『われわれはどんな「世界」を生きているのか――来るべき人文学のために』ナカニシヤ出版，2019 年

油井大三郎編『越境する 1960 年代――米国・日本・西欧の国際比較』彩流社，2012 年

Jefferson Cowie, *Stayin' Alive: The 1970s and the Last Days of the Working Class*, The New Press, 2010.

Daniel T. Rodgers, *Age of Fracture*, Harvard University Press, 2011.

おわりに

Beth Bailey, *America's Army: Making the All-Volunteer Force*, Harvard University Press, 2009.

Beth Bailey/David Farber (eds.), *America in the 70s*, University Press of Kansas, 2004.

Thomas Borstelmann, *The 1970s: A New Global History from Civil Rights to Economic Inequality*, Princeton University Press, 2011.

Linda K. Kerber, *No Constitutional Right to Be Ladies: Women and the Obligations of Citizenship*, Hill and Wang, 1998.

図表出典・略語一覧

【図表出典】
巻頭地図……貴堂嘉之『南北戦争の時代 19世紀――シリーズ アメリカ合衆国史②』巻頭地図をもとに作成.
第2章扉……Courtesy of the Skirball Museum
図4-1……*Impounded: Dorothea Lange and the Censored Images of Japanese American Internment*, W. W. Norton, 2006.
第6章扉……アメリカ議会図書館(Library of Congress)

【略語】
AAA(Agricultural Adjustment Act)
ACLU(American Civil Liberties Union)
ADC/AFDC(Aid to Dependent Children/Aid to Families with Dependent Children)
AEC(Atomic Energy Commission)
AFL(American Federation of Labor)
AUAM(American Union Against Militarism)
CCC(Civilian Conservation Corps)
CFR(Council on Foreign Relations)
CIA(Central Intelligence Agency)
CIO(Congress of Industrial Organizations)
CPI(Committee on Public Information)
EEOC(Equal Employment Opportunity Commission)
ERA(Equal Rights Amendment)
FBI(Federal Bureau of Investigation)
FEPC(Fair Employment Practice Committee)
FERA(Federal Emergency Relief Administration)
IPR(Institute of Pacific Relations)
KKK(Ku Klux Klan)
LWV(League of Women Voters)
NAACP(National Association for the Advancement of Colored People)
NAWSA(National American Woman Suffrage Association)
NCL(National Consumers League)
NIRA(National Industrial Recovery Act of 1933)
NOW(National Organization for Women)

NRA(National Recovery Administration)
NRPB(National Resources Planning Board)
NSC(National Security Council)
NWLB(National War Labor Board)
NWP(National Woman's Party)
NYA(National Youth Administration)
OWI(Office of War Information)
SCLC(Southern Christian Leadership Conference)
SDS(Students for a Democratic Society)
SNCC(Student Nonviolent Coordinating Committee)
TVA(Tennessee Valley Authority)
UNIA(Universal Negro Improvement Association)
VISTA(Volunteers in Service to America)
WCTU(Woman's Christian Temperance Union)
WIB(War Industries Board)
WILPF(Women's International League for Peace and Freedom)
WPA(Works Progress Administration. 1939 年以降，Work Projects Administration)
YMCA(Young Men's Christian Association)